LLAMADO

a la

CONCIENCIA

Domingo Fernández

EDITORIAL UNILIT

Publicado por
Editorial **Unilit**
Miami, Fl. U.S.A.
Derechos reservados

Primera edición 1994

Citas Bíblicas tomadas de Reina Valera, (RV) revisión 1960
© Sociedades Bíblicas Unidas
Usada con permiso

Cubiera diseñada por: Rafael Bernal

Las opiniones expresadas por el autor de este libro
no reflejan necesariamente la opinión de esta Editorial.

Producto 498381
ISBN 1-56063-880-X
Impreso en Colombia
Printed in Colombia

Contenido

A *manera de prólogo*

Hace tres años Editorial Unilit publicó un libro escrito por Domingo Fernández con el título: "Tesoros bíblicos: Temas difíciles en la Biblia". En su prólogo dijo el doctor Marcos Antonio Ramos: "Toda la vasta gama de dificultades y controversias encuentran un lugar y un tratamiento en este valiosísimo trabajo". Expresó además el doctor Ramos: "Con este nuevo libro de Domingo Fernández encontramos un caso sobresaliente. Su autor ha defendido valientemente la inspiración de la Biblia y las grandes enseñanzas de la palabra de Dios. Se trata de un hombre que ha consagrado su vida a la defensa y confirmación del evangelio. Para hacerlo efectivamente, se ha dedicado sin descanso al estudio de la Biblia. Su vida ha sido un prolongado peregrinaje por las páginas de las Sagradas Escrituras. Somos testigos de mayor excepción de la intensidad de sus esfuerzos. Estamos convencidos de que una simple mirada al producto de sus labores ratificará nuestra información".

Pero el autor no había agotado todos los temas, de modo que se hizo necesario el presente libro a fin de añadir otros importantes asuntos, y así cerrar con broche de oro su cofre de tesoros bíblicos.

Cuatro episodios de la llamada "Semana Santa" y sus consecuencias, son analizados aquí en su verdadera dimensión, sometiendo los rasgos de "espectacularidad" con que se

5

ha rodeado este acontecimiento, a la cruda realidad que verdaderamente representa; por un lado, "la crueldad extrema a la que pueden llegar los descendientes de Adán", y por el otro, "la semana en la que Dios puso de manifiesto el respeto que le merece su propia ley".

De la misma importancia y relevancia son los otros temas contenidos en este volumen, a saber: *El sello divino de la salvación, La resurrección de los muertos,* y *Vistazo al interior del infierno desde afuera,* todos ellos, analizados a la luz de la escritura y con la profundidad y devoción que caracterizan a Domingo Fernández.

No es común en estos tiempos encontrar un libro que enseñe y a la vez deleite. Por eso, esta obra será de vital importancia para todos los que se animan a profundizar en las raices de su fe y que anhelan tener al alcance herramientas que les permitan enfrentar tal desafío con valor y honestidad.

A Editorial Unilit le complace dar a la luz este otro valioso tesoro que ha surgido de la pluma valiente, responsable y autorizada del siervo de Dios Domingo Fernández Suárez.

Los editores

1

Cuatro episodios de la semana más importante de la historia

Q uisiéramos saber a quién se le ocurrió llamar "Semana Santa a la última semana del ministerio terrenal del Señor Jesucristo. ¿Qué tiene de santa esta semana?

Fue una semana en la que se puso de manifiesto hasta qué extremos puede llegar la crueldad de los descendientes de Adán. Fue una semana en la que Dios puso de manifiesto el respeto que le merece su propia Ley. Nos dice que "la paga del pecado es muerte". Su Hijo amado asumió la responsabilidad legal de las transgresiones de Adán y toda su descendencia, y cuando llegó la hora de aplicar a su propio Hijo la pena que merecíamos los transgresores, Dios el Padre "no perdonó a su propio Hijo, sino que lo entregó por todos nosotros".

En lugar de "Semana Santa", podría decirse que fue la semana más importante de la historia. O la última semana en la vida terrenal de Jesús. O la semana de la Redención.

Conmemoramos el nacimiento de Jesús el mismo día todos los años. Pero no sucede lo mismo con la conmemoración de su muerte. Este acontecimiento varía todos los años en el calendario vigente. Puede caer en cualquier fecha entre el veintiuno de marzo y el veintiséis de abril.

El motivo del cambio de fecha es el siguiente: Los que han estudiado este asunto desde diferentes ángulos, nos dicen que

Jesús fue crucificado el viernes siete de abril del año treinta de la era actual. La fecha de la crucifixión de Jesús está relacionada con la Pascua hebrea. Los hebreos debían sacrificar el cordero pascual el día catorce del mes de abib —que con el correr del tiempo lo llamaron nisán— y debían comer la carne del cordero pascual entre la tarde de ese día y la tarde del día quince (Exodo 12:6). El cordero pascual era un símbolo de Cristo (I Corintios 5:7).

Los meses del calendario hebreo los determinaba la luna. El mes lunar tenía veintinueve días y medio. El mes lunar era un poco más corto que el mes solar por el que se rige nuestro calendario. Para los hebreos, el día de la luna nueva era el primer día del mes. Por el calendario hebreo, Jesús fue crucificado el día quince del mes de nisán, que era el día de la luna llena.

El Diccionario Lorousse nos dice lo siguiente: La resurrección de Jesucristo se conmemora el domingo después de la luna llena que sigue al primer equinoccio del año, y que cae siempre entre el veintiuno de marzo y el veintiséis de abril.

Para los que se preguntan qué significa la palabra equinoccio diremos que es el momento del año en que la duración de los días y las noches son iguales. Y eso ocurre dos veces en el año: en marzo y en septiembre. En conclusión, a Jesús lo crucificaron un día de luna llena.

En el año 325 de la era actual hubo en la ciudad de Nicea, Asia Menor, una asamblea integrada por delegados de muchas iglesias en la que acordaron conmemorar la muerte de Cristo el día de la luna llena del primer equinoccio del año.

Y a continuación, entramos a considerar los cuatro episodios más destacados de la semana más sobresaliente de la historia. La semana en que nuestra redención fue consumada en la cruz del Calvario.

Primer episodio:
La llamada entrada triunfal de Jesús en Jerusalén

En los países donde celebran elecciones libres para elegir a los que van a ser gobernantes, los candidatos suelen recorrer el país buscando apoyo. Y cuando la campaña proselitista toca a su fin, suelen convocar a sus partidarios a una gran concentración de cierre en algún lugar adecuado de la capital de la nación.

De Jesús de Nazaret se nos dice que "anduvo haciendo bienes y sanando a todos los oprimidos por el diablo, porque Dios estaba con él". Durante tres años recorrió la tierra donde nació, de norte a sur y de este a oeste. Jesús lo tenía todo previsto. Ningún acontecimiento le tomó por sorpresa. Encontrándose en la región de Perea, al este del Jordán, y consciente de que su ministerio en la tierra había llegado a su fin, nos dice San Lucas que Jesús AFIRMO SU ROSTRO para ir a Jerusalén, a enfrentarse con su Getsemaní, con el pretorio, la vía dolorosa y el Calvario.

Durante su ministerio evadió e impidió la publicidad. Por lo menos en ocho ocasiones advirtió a los que recibían el beneficio de su poder liberador, que no dijesen nada de lo que había sucedido con ellos. Pero en la etapa final cambió la estrategia. La entrada triunfal constituyó la más grande manifestación y proclamación de toda la historia de Jerusalén. Aquella manifestación fue grande por la "muy numerosa multitud" que tomó parte en ella, por el sentimiento que motivaba a los participantes y por el jubiloso anuncio que proclamaban. No tenemos conocimiento de otra manifestación de júbilo semejante a aquella.

Muchos de los participantes tendían sus mantos en el camino. Y otros cortaban ramas de los árboles y las tendían en el camino. La multitud alababa a Dios a grandes voces, diciendo:

"Hosanna al Hijo de David!

¡Bendito el rey que viene en el nombre del Señor!

¡Hosanna en las alturas!"

Jesús entró en Jerusalén *proclamado y aplaudido* como el Mesías esperado, el enviado por el Señor del Cielo, el llamado a reinar sobre la casa de Jacob.

Algunos fariseos que se habían integrado a la manifestación, al oír a tan inmensa multitud proclamando a Jesús como el Mesías, y alabando a Dios por haberlo enviado, le pidieron a Jesús que no permitiese las aclamaciones de que le hacían objeto. Y el Maestro les dijo: *"Si éstos callaran las piedras clamarían"*. Esto quiere decir que la proclamación de aquella inmensa multitud respondía a un propósito de Dios.

Las autoridades de Jerusalén ya habían determinado dar muerte a Jesús. Y Dios quiso que se anunciase, que se proclamase a Jesús como el enviado del Cielo, el prometido Mesías de Israel, el llamado a reinar en este mundo. Aquella proclamación dejó sin excusa a las autoridades de Jerusalén.

La entrada triunfal nos presenta dos grandes paradojas: En el pasado, cuando un rey de cualquier nación o reino entraba victorioso en la capital, solía hacerlo montado en un brioso caballo blanco. Jesús, el creador del mundo, entró en Jerusalén montado en un pollino prestado.

La otra paradoja o contraste consiste en que cuando la multitud —el pueblo—, le alfombró el camino de entrada a Jerusalén con mantos y ramas de palmera, olivo y otros árboles, le proclamaron Hijo de Dios, enviado del Cielo, el Mesías esperado, y hubo una gran manifestación de alabanza; cuando todo esto sucedía a su derredor. Jesús se sintió tan profundamente motivado por un doloroso sentimiento de compasión o lástima, que empezó a llorar.

¿Por qué lloró? Porque vio en la pantalla de su infinito conocimiento, el futuro temporal y eterno de los moradores de Jerusalén. Lucas narra el acontecimiento, diciendo que al ver la ciudad lloró sobre ella, diciendo: ¡Oh, si conocieses, lo que este día tiene que ver con tu paz! Pero ahora no lo ves, está encubierto para tus ojos. Porque vendrán días sobre ti, Jerusalén, cuando tus enemigos te rodearán de vallado, y te sitiarán, y por todas partes te estrecharán, y te derribarán a tierra, y a tus hijos dentro de ti, y no dejarán en ti piedra sobre piedra, POR CUANTO NO CONOCISTE EL TIEMPO DE TU VISITACION.

Hubo para los moradores de Jerusalén un tiempo cuando les visitó el Hijo de Dios manifestado en carne; un tiempo de gracia y de OPORTUNIDAD de salvación. Pero aquel pueblo no vio su necesidad y su oportunidad. No quiso ver, no quiso oír, no quiso creer. Se aferraron a las tradiciones de sus padres y rechazaron la persona y las enseñanzas del Hijo de Dios enviado del Cielo. Vieron a Jesús como un innovador religioso y lo acusaron de impostor.

En el fondo de la tragedia de aquel pueblo estaba la incredulidad.

Dice en Marcos 6:6, que Jesús estaba asombrado de la incredulidad de ellos. Y en otra ocasión les calificó de "generación incrédula y perversa". (Mateo 17:17). Y San Pablo nos dice, en II Corintios 4:4, que el dios de este mundo, Satanás, ciega el entendimiento de los incrédulos, para que no entiendan el Evangelio. El incrédulo es un ser humano que hace mal uso de la inteligencia, la razón y el sentido común con que le dotó el Creador. Sigue la reacción que se atribuye al avestruz; ante las manifestaciones, evidencias y razones que Dios y sus enviados le ponen delante, mete la cabeza en el hueco que le proporcionan las teorías o tradiciones de sus padres, y dice: Esto es lo que mis padres me enseñaron y de esto no hay quien me saque, ni el mismo Dios que baje del cielo.

Jesús lloró sobre Jerusalén, diciendo: ¡Oh si tú conocieses lo que éste tu día tiene que ver con tu paz! Pero ahora está encubierto de tus ojos. Y dos días después —el martes— se dirigió por última vez, a aquella ciudad, diciéndole:

> *¡Jerusalén, Jerusalén, que matas a los profetas y apedreas a los que te son enviado! ¡Cuántas veces quise juntar a tus hijos, como la gallina junta a sus polluelos debajo de las alas, y no quisiste!*

Mateo 23:37

La tragedia temporal y eterna de los moradores de Jerusalén, es la tragedia de la mayor parte de la humanidad.

Jesús nos advierte que tenemos delante una puerta estrecha y un camino angosto que conducen a un lugar muy espacioso: el reino de Dios. E igualmente tenemos delante una puerta ancha y un camino espacioso que conducen a un lugar de sufrimiento eterno. Y hoy es el día de la oportunidad para decidirnos a entrar por la puerta que conduce a la vida eterna y feliz.

Jesús usó las siguientes figuras para que nos demos una idea de lo que será el verse un día en el lugar de destierro eterno:

"Las tinieblas de afuera".

El lugar de llanto y crujir de dientes.

Horno de fuego.

Lago de fuego.

Lugar donde el gusano (la conciencia) nunca muere, y el fuego ni se apaga ni puede ser apagado.

Jesús no se equivoca, no miente, no amenaza para meter miedo. Es casi imposible que el lenguaje humano pueda expresar con palabras o figuras lo que implicará el verse en un lugar de sufrimiento y confinamiento eterno. Nadie se imagine a Dios como una especie de hornero atizando el fuego del sufrimiento de los condenados. Dios estará muy lejos de ellos y ellos estarán muy lejos de Dios.

Ahora bien, ¿quién presta atención a las advertencias del Señor Jesucristo? Los menos. La mayoría no hace caso. Parece que permanece tan insensible a las advertencias del Señor como un muerto. Continúa su vida por la senda ancha, cierra sus ojos a la realidad, y tapona sus oídos a toda advertencia que tenga relación con la vida más allá de la esfera presente.

Jesús lloró sobre Jerusalén y advirtió a sus moradores que les esperaban días muy aciagos. Pero las autoridades de aquella ciudad no se dieron por enteradas, y siguieron adelante con su propósito de matar al que había venido del cielo para enseñarles la verdad, para salvarles. Cinco días después, las autoridades de Jerusalén se congregaron ante el pretorio y pidieron que el enviado de Dios fuese crucificado, y que si su petición era injusta, que la culpa del crimen cayese sobre ellos. Y cayó.

Segundo episodio:
Jesús en el huerto de Getsemaní

Este episodio tuvo lugar en lo que sería nuestro jueves por la noche. En el calendario hebreo ya era viernes.

Jesús pasó la última semana en Betania, pequeña población situada en la falda oriental del monte de los Olivos, a tres kilómetros de Jerusalén. Por allí pasaba el camino de Jerusalén a Jericó.

Jesús y sus discípulos fueron a Jerusalén el jueves con el propósito de preparar y de participar de lo que, dentro del plan de Dios, sería la última Pascua del pacto de la ley, y la primera cena del pacto de la gracia.

Se reunieron en el llamado Aposento Alto (Lucas 22:12-20). El día, para los hebreos, comenzaba a las seis de la tarde y terminaba a las seis de la tarde del día siguiente. De acuerdo con nuestro sistema de computar las horas del día, Jesús participó de la cena Pascual el jueves.

Pero según el sistema israelita, lo hizo dentro del tiempo correspondiente al viernes, como determinaba la Escritura (Lucas 22:12-20).

Jesús y sus discípulos salieron del Aposento Alto, y se dirigieron al huerto de Getsemaní, que quedaba al lado del camino entre Jerusalén y Betania. Al entrar en el huerto, Jesús dijo a ocho de sus discípulos: Sentaos aquí, y orad pidiendo la ayuda del Padre. Y él se internó en el huerto con Pedro, Juan y Jacobo. Y llegaron a un lugar donde les dijo: "MI ALMA ESTA MUY TRISTE, HASTA LA MUERTE". Dicho en otras palabras: Mi alma está muy triste, siento una angustia mortal. Tomemos nota de esta expresión: UNA ANGUSTIA MORTAL. Y dijo a Pedro, Juan, Jacobo: Quédense ustedes aquí, y velen y oren conmigo. Y él siguió adelante, a una distancia equivalente a un tiro de piedra. Y allí se postró, rostro en tierra, y clamó al Padre, diciendo: ¡Padre mío, Padre mío! todas las cosas son posibles para ti; si es posible, pase de mí esta copa; pero no se haga lo que yo quiero, sino lo que quieres tú. Estas palabras resumen la hora del más angustioso de todos los clamores que se hayan expresado en este mundo. Lucas, que era médico, nos dice que en aquella hora de angustioso clamor, Jesús sudó grandes gotas de sangre que brotaban de su rostro y caían hasta la tierra. El apóstol Pablo se refiere a la terrible agonía del Getsemaní, diciendo: "Cristo, en los días de su carne, ofreciendo ruegos y súplicas con GRAN CLAMOR Y LAGRIMAS al que le podía librar de la muerte, fue oído a causa de su temor reverente". (Hebreos 5:7). Dios no lo libró del doloroso trance que debía atravesar, pero envió a un ángel que le impartió consuelo, estímulo y fortaleza (Lucas 22:43).

Cuando preparamos este estudio relacionado con la última semana de Jesús en la tierra, tenemos a la vista un comentario o explicación de la Epístola a los Hebreos. El autor dice lo siguiente: "La agonía del Getsemaní siempre permanecerá llena de misterios para nosotros". San Pablo dice, en Hebreos 5:7, que Jesús tuvo "temor". Y preguntamos: ¿Temor a qué?

Cuando el discípulo traidor se presentó en Getsemaní al frente de un numeroso grupo integrado por soldados, alguaciles, y sacerdotes, Jesús les salió al encuentro, y les preguntó: ¿A quién buscáis? Al contestarle que buscaban a Jesús nazareno, les dijo con firmeza: Yo soy. No expresó miedo sino autoridad. Poco después se presentó ante el sumo sacerdote, Caifás y los miembros del tribunal llamado Sanedrín y no tuvo miedo. A la mañana siguiente se presentó ante el gobernador Poncio Pilato y se manifestó con tal aplomo y dominio propio, que Pilato quedó impresionado. ¿A qué se debió entonces el "temor" y la mortal agonía que le hizo sudar sangre en Getsemaní?

Cuando yo tenía alrededor de dieciocho años trabajaba en una tienda de víveres en la ciudad de la Habana. Cuando quedaba vacía alguna casa cerca del comercio, el dueño se ponía de acuerdo con el comerciante para dejar la llave de la casa en el comercio y ponía un anuncio en la puerta de la casa que decía: Se alquila. La llave en la "Bodega".

Cuando alguien quería ver la casa, el dueño de la Bodega me enviaba a mí a mostrársela. Y si a la persona en cuestión le interesaba la casa, preguntaba: ¿Cuánto pide de alquiler mensual el dueño y bajo qué condiciones la alquila? En muchas ocasiones el dueño pedía un mes adelantado y un FIADOR. El fiador debía ser una persona de solvencia económica. Y en caso de que el inquilino no pagase, el dueño reclamaba al fiador. En la actualidad ni los dueños piden fiadores ni los inquilinos los encuentran; pero en aquel tiempo había quienes se prestaban a servir de fiadores.

Jesucristo se ha convertido, voluntariamente, en el FIADOR más grande de cuantos han pasado por este mundo. Se ha convertido en tu fiador y en mi fiador y en fiador de toda la descendencia de Adán y Eva. Y esto implica que Dios Padre, como supremo Legislador del universo, ha hecho responsable a su Hijo de la penalidad que merecen tus transgresiones y las mías. En Getsemaní, Jesús se vio a un paso del momento en que las culpas de toda la humanidad iban a caer sobre El; y al ocupar en la cruz el lugar que nosotros merecíamos, las relaciones espirituales entre El y el Padre iban a quedar rotas. El Padre lo iba a tratar a El como merecíamos ser tratados nosotros. En la cruz, Jesús ocupó el lugar de los malditos y está escrito que fue considerado y tratado como un maldito (Gálatas 3:13). A este trance es a lo que Jesús temió en Getsemaní. Desamparado del Padre y tratado como un maldito implicaba para su alma santa un trago tan inmensamente amargo, que pensó que no lo podía soportar.

La Sagrada Escritura nos dice, en Isaías 53:6, que todos nosotros nos descarriamos como ovejas, cada cual se apartó —de Dios— por su camino; pero el Padre, en función de suprema Autoridad, echó sobre su Hijo el pecado de todos nosotros. Esto se ha convertido en una realidad en el Calvario.

En la cruz murió el justo en lugar de los injustos (I Pedro 3:18). En una expresión de profundo significado, San Pablo nos dice: "Al que no conoció pecado, por nosotros lo hizo pecado", lo responsabilizó de nuestros pecados y lo trató como merecíamos ser tratados nosotros. San Pablo decía: Con Cristo estoy juntamente crucificado. En la cruz, Cristo se identificó con nosotros, tomó nuestro lugar. Y cuando nos convertimos, nosotros nos identificamos con Cristo. El bautismo de los convertidos, el bautismo cristiano, implica una identificación con Cristo en su muerte, sepultura y resurrección (Romanos 6:3-6).

Hay cristianos que no entienden la expresión de Jesús en la cruz, cuando exclamó: "Dios mío, Dios mío, ¿por qué me has desamparado?"

Pues sí, está escrito (Isaías 59:2) que el pecado separa de Dios. Está escrito que el Salvador tenía que cargar con los pecados de toda la humanidad y está escrito que Jesús, al tomar el lugar de los pecadores, fue considerado como un maldito (Gálatas 3:13).

En Getsemaní Jesús se anticipó a la realidad que le esperaba al tomar el lugar de los pecadores. Getsemaní fue el calvario del alma de nuestro bendito Salvador y Señor. La cruz fue el calvario del cuerpo, de la persona integral. Los sufrimientos de Getsemaní fueron mucho más intensos, profundos, y dolorosos que los del Calvario. Ningún otro ser humano ha pasado ni puede pasar por una angustia tan profunda como la que experimentó nuestro Salvador en Getsemaní. Aquella angustia alteró de tal manera la presión arterial que la sangre buscó respiraderos a través de los poros del rostro.

Tengamos presente que Getsemaní y el Calvario fueron episodios que tuvieron lugar dentro de las veinticuatro horas correspondientes al día viernes de aquella semana. Calculamos que Getsemaní debió haber tenido lugar de nueve a diez de la noche. Y la crucifixión tuvo lugar después de las nueve y antes de las doce del día.

Conclusión: El episodio de Getsemaní constituye la evidencia suprema de que Cristo es el Salvador y que fuera de El no hay otro medio posible de salvación. Es muy importante que prestemos atención a este aspecto porque hay en este mundo millones de personas que se piensan salvar por otro medio, por otro plan.

En Juan 3:18, se nos dice que Dios envió a su Hijo al mundo con la misión de abrir, para la humanidad pecadora, una puerta de salvación. Jesús siempre estuvo consciente de que había venido al mundo con este propósito. Cuando llegó la hora de tomar el lugar de los pecadores y de experimentar, en su alma y en su cuerpo, las consecuencias del pecado, la separación espiritual entre él y su Padre, y ser considerado y tratado como un maldito, su alma se resistió con espanto y terror. Y en su angustia clamó a su Padre, diciendo: ¡Padre mío! para ti todo es posible. Y te ruego que si es posible, me libres de tener que pasar por el espantoso trance de verme bajo el peso de la justicia divina contra el pecado y desamparado de ti. La respuesta, inaudible, fue que no era posible salvarle a él de la cruz y salvar al pecador de tener que quedar para siempre fuera del reino de los cielos.

Hay personas que nos dicen: "Yo tengo mi religión y moriré en ella". Y otros dicen: "Yo tengo mi iglesia y no la cambio por ninguna otra". Y nosotros decimos que no les invitamos a cambiar de iglesia o de religión; les invitamos a reconocer a Jesucristo como el único que les puede perdonar, de verdad, los pecados; cambiarles el corazón o los sentimientos, proporcionarles una relación con Dios que redunde en la vida eterna. Ustedes necesitan un cambio de vida, no un cambio de religión o de iglesia. Y el cambio o transformación que necesitan solamente se lo puede proporcionar el que bajó del Cielo con ese propósito; el que asumió la naturaleza humana en el seno virginal de María; el que nació en un establo de Belén de Judá , el que pasó por la agonía del Getsemaní y la muerte de cruz en el Calvario.

Tercer episodio:
la Vía Dolorosa

Esta es una expresión que se usa solamente en la esfera cristiana. Se le da este nombre al trayecto que recorrió Jesús desde el pretorio de Pilato al Calvario. Pero nosotros vamos a tener por vía dolorosa, el trayecto que Jesús recorrió desde que le prendieron en el huerto de Getsemaní hasta el Calvario.

Después de la intensa agonía que hemos considerado en el episodio anterior, Jesús fue ayudado y fortalecido por un ángel enviado por el Padre (Lucas 22:43). Y seguidamente se levantó, se acercó a los discípulos, y les dijo: *la hora ha llegado*; se acerca el que me entrega, levantaos, vámonos de aquí.

Y cuando salían se presentó Judas al frente de un numeroso grupo de soldados, alguaciles, sacerdotes, autoridades de la ciudad, y escribas y fariseos. Iban armados de espadas y palos. Prendieron a Jesús y le llevaron ante el sumo sacerdote, llamado Caifás, y los miembros del tribunal llamado Sanedrín. Allí le interrogaron por más de una hora, buscando motivos para condenarle a la pena de muerte. A la postre, el sumo sacerdote dijo a Jesús: demando de ti, en el nombre del Dios viviente, que nos digas si eres tú el Cristo, el Hijo de Dios. Y Jesús le contestó: tú lo has dicho; yo soy el Hijo de Dios. Al oír esta declaración, el sumo sacerdote, simulándose muy dolorido y horrorizado por lo que él estima una blasfemia, se rasgó sus vestiduras, y exclamó: ¡Blasfemia! Y preguntó a los miembros del tribunal: ¿Qué os parece? ¿Cuál es vuestro veredicto? Y respondieron: le consideramos reo de muerte. Y esta fue la sentencia. Más adelante (Juan 19:7) dijeron que habían condenado a muerte a Jesús, porque había afirmado que era el Hijo de Dios.

Calculamos que la sentencia se debió haber pronunciado alrededor de las doce de la noche. Después, los encargados de custodiar a Jesús le vendaron los ojos, le golpearon despiadadamente, le dieron puñetazos y bofetadas y le escupieron el rostro. Y en tono de burla le decían: si es verdad que eres profeta, dinos quiénes son los que te maltratan.

Los judíos no tenían facultades para aplicar la pena de muerte; esta facultad correspondía al gobernador romano de la región. Así que al salir el sol, la mañana siguiente, los miembros del tribunal presidido por Caifás, llevaron a Jesús al pretorio y se lo entregaron a Pilato para que ejecutase la sentencia. Pero no le dijeron el motivo por el que ellos lo habían sentenciado a morir.

Pilato les preguntó: ¿De qué acusáis a este hombre? Y le contestaron: Lo acusamos de pervertir la nación, de prohibir dar tributo al César, y de proclamarse Rey de los judíos.

Pilato comenzó su interrogatorio preguntando a Jesús si era verdad que él decía ser Rey de los judíos. Y Jesús contestó que era verdad. Pero tranquilizó a Pilato, diciéndole: Mi reino no es de la naturaleza de los reinos de este mundo. Yo no estoy conspirando contra tu Emperador. Después de un largo interrogatorio, Pilato llegó a la conclusión de que Jesús no era un elemento peligroso, ni para su nación ni para el Imperio Romano. No lo encontró culpable de nada. Este criterio lo mantuvo desde el principio del interrogatorio hasta el final de los diferentes interrogatorios a que lo sometió. Pilato llegó a la conclusión de que los verdaderos culpables eran los acusadores (Mateo 27:18).

Cuando estaba en el proceso del interrogatorio, la esposa de Pilato le envió una nota, diciéndole: Ese hombre que estás interrogando es justo, no intervengas en su muerte (Mateo 27:19). Algunas de las respuestas que Jesús le dio, atemorizaron a Pilato, y con el propósito de evadir la responsabilidad de tener que absolver o condenar a Jesús, Pilato apeló a varios recursos, pero todos le fallaron, porque los acusadores no transigían con nada que no fuese la muerte de su acusado. El último de los mencionados recursos, consistió en ordenar que Jesús fuese azotado. Los azotes se aplicaban en la espalda desnuda. Cada latigazo rasgaba la piel del que los recibía.

Después de haberle azotado, los soldados del gobernador acabaron de desnudar a Jesús, le echaron encima un manto de escarlata, le ciñeron en la cabeza una corona de espinas, y completaron el disfraz poniendo en su mano una caña, como bastón de mando. Lo convirtieron en objeto de burla, mofa, choteo y escarnio. Le quitaban de la mano el bastón y con él le golpeaban la cabeza, y le escupían el rostro.

Si hubo en el mundo un ser digno de lástima, ese fue Jesús de Nazaret, aquel viernes por la mañana en el pretorio. Pilato se había hecho la ilusión de que quizás el castigo, el disfraz y la burla conmoverían los sentimientos de los acusadores y se darían por satisfechos. Con este propósito presentó a Jesús ante los acusadores, diciendo: ¡HE AQUI EL HOMBRE! Mirad en lo que lo hemos convertido. Le hemos molido la espalda a fuerza de latigazos; le pusimos una corona de espinas, está bañado en sangre. ¿No os parece que es suficiente el castigo que le hemos aplicado? Pero los acusadores dijeron: queremos que lo crucifiques, y hasta que lo veamos muerto no estaremos satisfechos.

El desdichado e injusto gobernador cedió al fin a la presión y a las amenazas de las autoridades de Jerusalén, y firmó la sentencia de muerte del Hijo de Dios, diciendo: "Inocente soy yo de la sangre de este justo". "Y todo el pueblo respondió: Su sangre sea sobre nosotros, y sobre nuestros hijos".(Mateo 27:25). Y así sucedió. Algunos padres dejan a sus hijos la maldición de su conducta.

En (Juan 19:17), se nos dice que Jesús salió del pretorio camino del Calvario, "cargando su cruz". La ley determinaba que los sentenciados a la crucifixión debían cargar con la cruz. Pero Mateo, Marcos y Lucas nos dicen que los encargados de ejecutar la sentencia, "obligaron a uno que venía del campo", llamado Simón de Cirene, a que llevase la cruz en que iba a ser crucificado Jesús (Marcos 15:21).

La realidad fue que Jesús salió del pretorio "cargando la cruz" como nos dice Juan (y damos por sentado que Juan iba en la comitiva). Y después de un corto trayecto Jesús se desplomó bajo el peso de la cruz. Los soldados romanos habrán tratado de forzarlo a seguir adelante con la cruz a cuestas, pero se convencieron de que resultaba imposible. A

Jesús lo habían MOLIDO a golpes, latigazos y malos tratos. Allí se cumplió la profecía de Isaías 53:3 al 5, donde anunciaba que el Mesías sería "despreciado y desechado por los hombres, varón de dolores, experimentado en quebranto; menospreciado.... herido por nuestras violaciones a la ley de Dios, MOLIDO POR NUESTROS PECADOS, y que el castigo de nuestra paz, el castigo que nosotros merecíamos, caería sobre él". Cuán fielmente se ha cumplido esta profecía en la vía dolorosa, desde Getsemaní al Calvario.

La figura del Nazareno, molido, agotado, maltratado y escarnecido, movía a conmiseración a toda alma sensible al dolor ajeno. Y nos dice Lucas, en el capítulo 23 de su evangelio —versículos 26 al 31—, que seguían a Jesús, camino del Calvario, una gran multitud del pueblo y de mujeres que lloraban y hacían lamentación por El. Pero Jesús, volviéndose hacia aquellas mujeres que le seguían muy de cerca, les dijo: "Hijas de Jerusalén, no lloréis por mí, llorad por vosotras mismas y por vuestros hijos ... porque si en el árbol verde hacen estas cosas, ¿en el árbol seco qué se hará? Estas palabras del Nazareno pronunciadas en circunstancias conmovedoramente dolorosas, expresan el mensaje divino del episodio de la vía dolorosa.

"Si en el árbol verde hacen estas cosas". Si al mismo Hijo de Dios, que en un acto de suprema misericordia se despojó de su gloria en el Cielo, renunció a su forma espiritual y voluntariamente bajó a este mundo y asumió la naturaleza humana con el propósito de tomar el lugar de los pecadores y así brindarles una oportunidad de redención; si a éste, el mismo Hijo de Dios, el árbol de vida, el único ser santo que ha pasado por este mundo, se le trató con tanta crueldad, ¿qué les espera a los árboles secos, muertos en delitos y pecados, que rechazan al Salvador y los someten a las torturas, las burlas y los ultrajes a que sometieron a Jesús de Nazaret?

Hijas de Jerusalén, llorad por vosotras mismas y por vuestros hijos. Hijas de América y del mundo, que quizás estéis transitando por alguna vía dolorosa y avanzando hacia un calvario; volved vuestros ojos a Jesús de Nazaret; en El hallaréis comprensión, compasión, ayuda, gracia, perdón, paz y esperanza de gloria.

Hijas de la última década del sigo XX que estáis viviendo en un tiempo en el que abundan los caínes, los caifases, los judas, y los pilatos; llorad por vosotros y por vuestros hijos, porque ellos y vosotras vais transitando por una vía dolorosa y llena de peligros y sombras de muerte.

Hijas de América y del mundo; os encontráis en la VIA DE LA OPORTUNIDAD: buscad al Salvador antes de que lleguéis a la meta del camino que seguís. Nunca más volveréis a pasar por ese camino. Si todavía no habéis aceptado a Jesucristo como vuestro Salvador y Señor, llorad por vuestros hijos.

Prestemos atención al mensaje de la vía dolorosa: "si en árbol verde hacen estas cosas, ¿en el seco, qué se hará?", si al que está llamado a ser JUEZ de todo el género humano lo azotaron, lo abofetearon, lo escupieron en el rostro, y se burlaron de El en la forma que lo hicieron, ¿qué fin le espera al impío y al pecador?

Cuarto episodio:
el Calvario

En Juan 19:17-18, dice que Jesús, cargando su cruz, salió al lugar llamado de la Calavera, en hebreo Gólgota. Y allí le crucificaron. Quizás usted se sorprenda si decimos que la palabra Calvario no se encuentra en la Biblia. El término "Calvario" tiene la connotación de sufrimiento moral. Aunque no hay en la geografía un lugar llamado "Calvario", este nombre ha entrado a formar parte de la fraseología cristiana, de manera que decir "Calvario" es mencionar el lugar donde fue crucificado Jesucristo.

A Jesús le crucificaron en medio de otros dos, a los que Mateo y Marcos califican de ladrones, y Lucas les llama malhechores.

La crucifixión fue, como el término indica, en una cruz. La palabra cruz aparece en el Nuevo Testamento 29 veces.

Decimos esto porque algunos impugnadores e innovadores que no se quieren parecer a nadie, dicen que Jesús no fue clavado a una cruz.

A Jesús le clavaron las manos y los pies a la cruz (Lucas 24:39-40).

¿A qué hora del día le crucificaron? Sabemos que murió a las tres de la tarde (Mateo 27:45-50). Pero no resulta fácil determinar la hora exacta en que fue crucificado. En relación con este aspecto vamos a exponer lo siguiente: los hebreos dividían las doce horas del día en cuatro espacios de tiempo de tres horas cada uno. En relación con la crucifixión de Jesús se mencionan "la hora tercera" (Marcos 15:25). "La hora sexta" (Juan 19:14) Y "la hora novena" (Mateo 27:45-46). El hecho de que los hebreos no mencionaban la hora de sesenta minutos, sino el espacio de tiempo que abarcaba tres horas, se presta a confusión para nosotros, que se supone que mencionamos la hora del día, no el período o espacio de tiempo mayor que la hora de sesenta minutos.

¿Por qué mencionamos este asunto? Porque algunos piensan que Jesús fue crucificado a las nueve de la mañana. Y otros piensan que fue crucificado a las doce del día. Y nosotros tenemos la firme convicción de que fue crucificado después de las nueve y antes de las doce. Supongamos que Jesús fue entregado a Pilato por el tribunal judío el viernes a las siete de la mañana. Entre el principio del juicio ante Pilato y la crucifixión tuvieron lugar una serie de acontecimientos que no creemos que se puedan colocar en un espacio de dos horas; entre las siete y las nueve. Pilato comenzó sometiendo a Jesús a una interrogación. Después se lo envió a Herodes Antipas, tetrarca de Galilea (Lucas 23:6 al 12). Herodes se lo devolvió a Pilato y éste sometió a Jesús a varios interrogatorios.

Situemos a continuación los acontecimientos que aparecen en Juan 19:1-16 y luego el tiempo que invirtieron desde el pretorio al Calvario. Repetimos que no creemos que todos estos acontecimientos se puedan colocar en un espacio de tiempo de dos horas.

Es posible que Pilato haya firmado la sentencia de muerte a las nueve de la mañana, y que Marcos se refiere a esta hora cuando dice que Jesús fue crucificado a la hora tercera. La numerosa comitiva que partió del pretorio pudo haberse demorado una hora en llegar al Calvario y preparar allí el acto de la crucifixión. Tengamos en cuenta el incidente que se presentó en el trayecto. Nos parece razonable que Jesús haya sido crucificado alrededor de las diez de la mañana. Esta hora caía dentro del espacio de tiempo conocido como la hora sexta, mencionada por Juan. Todo lo que narra (Lucas 23:33-44), sucedió antes de las doce del día.

Desde las doce hasta las tres de la tarde "toda la tierra" quedó bajo un oscuro manto de tinieblas (Mateo 27:45). Para que un fenómeno cualquiera merezca el calificativo de "milagro" tiene que haber intervenido en él un poder sobrehumano. El obscurecimiento de "toda la tierra" durante tres horas: de doce a tres de la tarde, constituye uno de los portentos más notables de cuantos se mencionan en la Biblia y en la historia de la humanidad.

¿Qué propósito tuvo el TODOPODEROSO en oscurecer "toda la tierra" de doce a tres del día? Aquellas tinieblas dijeron a los que habían crucificado a Jesús que éste tenía conexiones muy estrechas y directas con el autor del milagro que estaban presenciando (Mateo 27:54).

Aquellas tinieblas proclamaban, para los entendidos en la cuestión, que Dios estaba juzgando y condenando, en la persona de su Hijo, los pecados de la humanidad. Y para el que estaba muriendo en la cruz, aquellas tinieblas expresaban que se estaba cumpliendo lo que dice Isaías 53:12 ("contado con los pecadores") que Cristo se encontraba tomando el lugar de los pecadores, y bajo el poder del maligno (Lucas 22:53).

En el Salmo 85: versículos 10 y 11, tenemos cuatro grandes personificaciones, de cuatro atributos de Dios: La misericordia y la verdad; la justicia y la paz. Cada vez que leemos este pasaje nos quedamos con la impresión de que dice más de lo que nosotros podemos sacar y expresar.

Dios, en su infinita sabiduría, vio a toda la humanidad caminando hacia un lugar de destierro y confinamiento eterno, y sintió compasión hacia el pecador, hacia la humanidad que había quebrantado Su Ley divina (I Juan 3:4) y le había ofendido a El como Dios, como Creador, y como Legislador.

La "justicia y la verdad" demandaban el castigo de la ofensa y del ofensor; no podían pasarlo por alto. Dios no puede dejar la maldad sin retribución. "La paga del pecado es muerte". Sobre todo transgresor de la Ley de Dios pesa una sentencia de condenación eterna (Juan 3:17-18; Gálatas 3:10 y 13). Si Dios aplicaba la justicia al pecador tenía que condenarlo a quedar para siempre fuera de SU reino. Si Dios aplicaba al pecador la misericordia y el perdón, se podría decir que había establecido una Ley y que no la aplicaba, que pasaba por encima de ella, y dejaba de ser justo consigo mismo.

Dios concibió un plan, un plan supremo y único; un plan que vindicaría "a la justicia y la verdad", y que abriría la puerta a la misericordia, el perdón y la paz. Fue un plan extraordinariamente costoso y doloroso. El Hijo de Dios, la segunda persona de la Divinidad, se despojaría de su "forma de Dios", descendería del cielo a la tierra, de la esfera divina a la humana, asumiría la naturaleza propia del hombre en el seno virginal de una mujer, y se convertiría en un hombre perfecto (Hebreos 7:25-27), sin pecado. Y como santo podría tomar el lugar de los pecadores, cargar con las culpas de todo ser humano, someterse a la pena o castigo que el pecador merece, y satisfacer en su muerte redentora las justas demandas de la Ley de Dios y la justicia divina. En la cruz murió el Justo en lugar de los injustos, y así abrió las puertas a la misericordia y al perdón, a la paz entre Dios y el pecador, y a la salvación (I Pedro 3:18)).

En la cruz la misericordia y la verdad se encontraron; la justicia y la paz se besaron, como dice el Salmo 85. La justicia divina quedó satisfecha con la muerte vicaria o sustitutiva del Hijo de Dios hecho hombre. La muerte de Cristo hizo posible la paz entre Dios y el ser humano; entre el supremo JUEZ y el hombre pecador (II Corintios 5:19-21).

En Isaías 53:6 y 11, y I de Pedro 2:24, se nos dice que Cristo llevó nuestros pecados en su cuerpo cuando murió en la cruz. Y en Zacarías 13:7, dice lo siguiente: "Levántate, oh espada, contra el pastor, y ... hiere al pastor, y serán dispersas las ovejas". El mismo Jesucristo nos dice, en Mateo 26:31, que este pasaje de Zacarías se refiere a El. Ahora bien, ¿quién hirió a Jesucristo, el Pastor divino? Tenemos las respuestas en (Isaías 53:4, donde dice que el Mesías fue "herido por Dios" (NC.) Esto puede que resulte un poco difícil de entender, para algunos; pero traten de entenderlo, porque en ello está el mismo corazón del plan divino de nuestra redención.

El profesor de Teología, J.M.Pendleton, dice lo siguiente: "La muerte de Cristo ... fue instigada por Satanás, facilitada por un conocido discípulo, pedida por los judíos, sancionada por la autoridad romana; tuvo lugar en cumplimiento del propósito de Dios, fue infligida por El como Legislador y Ejecutivo del universo moral, y de parte de Cristo, fue una muerte voluntaria. La víctima voluntariamente fue al altar del sacrificio" (p. 192). Aquí será oportuno que citemos la exclamación de San Pablo, cuando dice: "¡Oh profundidad de las riquezas de la sabiduría y de la ciencia de Dios! ¡Cuán insondables son sus juicios, e inescrutables sus caminos!" (Romanos 11:33). En la muerte de Cristo intervinieron Judas, Satanás, los judíos, y los romanos. Todos actuaron libremente e hicieron lo que ellos quisieron. Dios ni siquiera les insinuó que lo hiciesen, simplemente les permitió que llevasen a cabo lo que deseaban. Los que dieron muerte a Jesús, lo hicieron con el propósito de deshacerse de El, de eliminarlo.

Dios lo permitió para convertir a Jesús en el Salvador de los pecadores. La muerte redentora de Cristo abrió las puertas al perdón, la justificación, la salvación y la gloria.

La muerte de Cristo, como Cordero de Dios, estaba prevista desde antes de la creación (I Pedro 1:20). Queremos aclarar dos cosas en relación con lo que acabamos de exponer: El Hijo del Hombre tomó en la cruz el lugar del pecador. Y por haber cargado con nuestros pecados, fue herido por la Justicia Divina (Isaías 53:4; Zacarías 13:7). Pero esto no exime de culpa a ninguno de los que directa o indirectamente tomaron parte en la muerte de Jesús de Nazaret; Judas, las autoridades de Jerusalén, y Poncio Pilato tendrán que responder del crimen que cometieron al dar muerte al que se presentó ante ellos como enviado del Cielo. Está escrito que, a veces, Dios convierte las maldiciones en bendiciones y esto es lo ha que sucedido con la muerte de Cristo. Pero, ¡ay de los que actúan sin misericordia!

El alma de Cristo tuvo su calvario en Getsemaní. Jesús confesó allí que sentía una angustia mortal. Clamó, lloró y sudó sangre. Pero no nos salvó en Getsemaní.

En el pretorio de Pilato, Jesús fue sometido a las ofensas más grandes que se podían inferir a un hombre piadoso, justo y santo, como era El. Pero no nos salvó en el pretorio.

Jesús nos salvó en la cruz del Calvario. Fue allí donde cargó con nuestras culpas y pagó el precio de nuestro rescate (I Corintios 6:20). San Pablo dice a los cristianos de Corinto, y nos dice a nosotros: "Os he enseñado lo que asimismo recibí [lo que el Señor me enseñó a mí: (Gálatas 1:11 y 12)] que Cristo murió por nuestros pecados, conforme a las Escrituras" (I Corintios 15:3).

Y en virtud de la muerte redentora de Cristo, podemos obtener la SALVACION

"Por medio de la fe en Su sangre".	Romanos 3:25
"Justificados en su sangre".	Romanos 5:9
"Redención por su sangre".	Efesios 1:7
Comprados "por su propia sangre".	Hechos 20:28
"Hechos cercanos por la sangre de Cristo".	Efesios 2:13
"Tenemos redención por su sangre".	Colosenses 1:14
Hizo la paz "mediante la sangre de su cruz".	Colosenses 1:20
"Por la sangre de Jesucristo".	Hebreos 10:19
"Por la sangre del pacto eterno".	Hebreos 13:20
"Con la sangre preciosa de Cristo"	I de Pedro 1:19

"Nos lavó de nuestros pecados con su sangre".   Apocalipsis 1:5

"Con tu sangre nos has redimido".   Apocalipsis 5:9

"Sin derramamiento de sangre no hay perdón   Hebreos 9:22
de pecados".

Y al no haber perdón, no hay salvación sino por medio de la sangre que Cristo vertió en la cruz del Calvario.

Permítanme formular aquí una especie de declaración de fe, de confianza y de esperanza: Por la misericordia de Dios, yo sé que soy salvo. Mis pecados fueron juzgados por Dios en la persona de mi Salvador, en la cruz del Calvario. Sobre mi sustituto cayó la sentencia de muerte. El castigo que yo merecía cayó sobre El. La paga del pecado es muerte, y mi Salvador murió por mis culpas. Está escrito que mi Salvador fue "herido por Dios". Mi Salvador me dice, en el Evangelio (Juan 3:36 y 5:24) que El me da vida eterna. Y en Romanos 8:1 me dice que no hay ninguna condenación para los que estamos en Cristo Jesús. El que me va a juzgar a mí, es el mismo que en la cruz fue herido por mis pecados. Yo le he aceptado como mi Salvador; él ha transformado mi vida, y desde que lo hizo, hace ya muchos años, yo le sirvo con gozo y fidelidad. Yo no abrigo ninguna duda en relación con mi futuro eterno. ¿Tienes tú, estimado lector, esta fe, esta confianza y esta esperanza? Si la tienes alaba al Señor. Y si no la tienes, la puedes tener, por medio de la fe en el sacrificio redentor de Jesucristo.

A veces oímos decir a algunos que esperan ir al reino de Dios porque se creen dignos. Dicen que se lo han ganado con sus buenas obras, que se lo merecen. A los que piensan así les pregunto: ¿Hay algún pasaje o declaración en los profetas, en el Evangelio de Cristo, o en las enseñanzas de los apóstoles que te prometa la entrada al reino de los cielos sobre la base de tu conducta, de tus buenas obras? Averigua esto antes de que sea demasiado tarde.

Oímos a otros que dicen: Yo soy religioso pero a mi manera. Los que formulan esta declaración no conocen o no entienden el Evangelio. Y van a recibir una sorpresa muy desagradable el día que tengan que partir de la vida presente. No nos van a poder decir que no se lo hemos advertido a tiempo.

Y hay quienes dicen: Yo tengo mi religión y mi iglesia y no quiero cambiar ni de iglesia ni de religión. Y yo les pregunto: ¿Hay en la Sagrada Escritura algún pasaje que te prometa que tu religión y tu iglesia te pueden asegurar la salvación y la vida eterna? No confíes en lo que te enseñan, si no enseñan lo que está escrito en la Palabra de Dios. Yo digo que tengo mi Salvador. Tengo al que me dice: Yo soy la fuente de la vida eterna. Soy la luz del mundo. Soy la puerta de la salvación. Soy el camino, la verdad y la vida. Soy el que he muerto en la cruz por tus pecados. Soy el que tengo autoridad para perdonarte, y poder y gracia para transformar tu vida, regenerar tu alma, y dotarte de la gracia necesaria para que puedas vivir la clase de vida que Dios espera de ti.

Jesús clamó a su Padre en Getsemaní, diciendo: Padre mío, si es posible líbrame del trance que tengo delante. Y la respuesta del Padre fue que no era posible librarlo a él de la muerte de cruz y librar del infierno a los pecadores. Esto nos dice, que no hay salvación fuera de Cristo. Después de su resurrección, Jesucristo dijo a sus discípulos: ¿No sabíais que era NECESARIO, que yo padeciese lo que he padecido? (Lucas 24:26,44). Y el apóstol Pedro nos dice que fuera de Cristo no hay salvación en ningún otro; porque no hay otro nombre debajo del cielo dado a los hombres, en quien podamos ser salvos. (Hechos 4:12)

2

El sello divino de la salvación: ¿Qué es un sello?

La palabra sello es un término indefinido. A través de los siglos se ha dado el nombre *sello* a diferentes objetos. En la Biblia aparece la palabra "sello", por primera vez, en Génesis 38:18. Y en este pasaje es posible que se le haya llamado sello a un anillo. Y el propósito de aquel sello fue garantizar el cumplimiento de una promesa.

El sello se ha aplicado o puesto para garantizar el cumplimiento de una orden o ley. Cuando los príncipes del rey Darío de Persia conspiraron contra Daniel, y éste fue echado al foso de los leones, sellaron la puerta del foso con el anillo del rey y con los de sus príncipes o ministros (Daniel 6:17). Véase Hageo 2:23. Cuando sepultaron el cadáver de Jesús de Nazaret, sellaron la piedra, y pusieron una guardia (Mateo 27:66). El sello se ha aplicado desde la antigüedad como prueba de la autenticidad de una orden, documento o carta. (I Reyes 21:8. Ester 3:12).

El capítulo 32 del Libro del profeta Jeremías nos da a conocer que la costumbre o procedimiento legal de proveerse de una escritura sellada en toda transacción de compra-venta es muy antigua (Jeremías 32:10-14 y 44).

En la actualidad el sello más conocido y popular es el que llamamos sello de correo o de correos. Este es un sello relativamente moderno. El servicio público de correo se implantó en España en el sigo XVI. Pero las primeras estampillas o sellos de correos aparecieron en Inglaterra en 1840. En España en 1849, con la efigie de Isabel II. En la actualidad escribimos una carta, la ponemos en un sobre, le ponemos al sobre una dirección, compramos un sello, y depositamos la carta en una oficina o buzón del correo. El gobierno que emite y vende el sello se compromete a entregar la carta a la dirección que aparece en el sobre.

Cuando una persona opta por la ciudadanía de otro país, este país le otorga un documento o carta que le acredita como ciudadano. A esta carta de naturalización le imprimen un sello seco que es lo que le da valor.

Hay muchas clases de sellos, pero, por regla general, los sellos indican posesión, autenticidad, garantía, y seguridad.

Dios también usa sellos que indican distinción, posesión y seguridad.

En Génesis 17:10, leemos que Dios le dijo a Abraham: "Este es mi pacto, que guardaréis entre mí y vosotros y tu descendencia después de ti: Será circuncidado todo varón de entre vosotros". Y en Romanos 4:11, Pablo se refiere a este pasaje del Génesis, diciendo: Y (Abraham) recibió la circuncisión como señal, como sello de la justicia de la fe que tuvo". El término "la justicia de la fe", puede resultar un poco enigmático para algunos. La palabra "justicia" en este pasaje significa justicia justificadora, justicia que declara justo, justicia que salva. Los siguientes pasajes se refieren a esta justicia:

"Jehová justicia nuestra" Jeremías 23:6. "Por la justicia de uno (Cristo) vino a todos los hombres la justificación". Romanos 5:18. "Para que nosotros fuésemos hechos justicia de Dios en él" (Cristo). II Corintios 5:21. "La justicia que es de Dios por la fe" Filipenses 3:9.

Cuando Abraham tenía 99 años, Dios le prometió que él y Sara (de 90 años) tendrían un hijo. Génesis 15:1-6. Y 17:1-11. Implícitamente, la promesa de Dios incluía a Jesucristo. En la promesa de Abraham había un hijo inmediato, Isaac; y un hijo lejano, Jesús de Nazaret, el Mesías, el Salvador. Génesis

22:18. Mateo 1:1. Gálatas 3:16. Abraham creyó a Dios, que le prometía un hijo que culminaría en la persona de Jesús, el Salvador. Y dice la Escritura que Abraham creyó a Dios, y la fe le fue contada por justicia" Génesis 15:6. Romanos 4:3. Gálatas 3:6. Dicho en otras palabras: Abraham creyó en una promesa que incluía a Cristo; y el mismo día que creyó fue justificado, fue salvo por la fe. Aquel día Dios le cambió el nombre (Génesis 17:5) y le puso un sello (Romanos 4:11) que indicaba adopción (Gálatas 4:4-5, Efesios 1:5).

Dios estableció con Abraham el método de sellar a los que alcanzan la justificación y la salvación por la fe en Cristo Jesús, y no ha cambiado el plan. Lo que ha hecho es cambiar el sello en sí, y elevar el elemento y el método sellador, como veremos.

En Apocalipsis 7:3 al 8, habla de 144.000 sellados de las doce tribus de Israel. Este es un pasaje profético y simbólico que se refiere y abarca a todos los convertidos de Israel después del arrebatamiento de la Iglesia (Romanos 11:26).

Desde Abraham hasta la muerte y resurrección de Cristo, el método sellador lo constituía la circuncisión. Pero el día que Jesús de Nazaret murió en la cruz del Calvario, con él murió el llamado Pacto de la Ley. Dios mismo rasgó un elemento importante de aquel pacto, el velo del Templo (Mateo 27:51), uno de los elementos más sagrados del ritual mosaico.

Los convertidos a Cristo no estamos bajo la ley sino bajo la gracia. Romanos 6:14 y 7:4,6; Gálatas 3:24-25; 5:21-31; II Corintios 3:6-11. La circuncisión, como sello de la salvación, nunca pasó a formar parte del Pacto de la Gracia.

Este aspecto implicó una gran batalla doctrinal en la vida de Pablo y en la iglesia primitiva. Para dilucidar el conflicto se celebró en Jerusalén, en el año 50 de la era actual, una asamblea en la que los apóstoles y los miembros de la iglesia, acordaron que la circuncisión no entraría a formar parte del Pacto de la Gracia. Los siguientes pasajes se refieren a este asunto: Hechos 15:1-21. Gálatas 5:2-12. Y 6:12-16.

En la actualidad hay "cristianos" que enseñan que el bautismo cristiano tomó el lugar de la circuncisión. Esta enseñanza carece de base bíblica y de veracidad. El bautismo es un mandato del Señor, pero lo aplican las iglesias, lo aplican los hombres, y puede que la mayoría de los que se creen cristianos porque los han bautizado, no sean convertidos, ni cristianos ni salvos.

Estamos desarrollando el tema titulado: EL SELLO DIVINO DE LA SALVACION. Este sello es divino, lo otorga lo concede, lo pone Dios y no los hombres. Y Dios no se equivoca. Cuando Dios le pone *el sello de salvo* a un ser humano, es que de verdad ha echado mano de la salvación; es que es salvo. Dios sabe a quien le debe poner el sello de salvo.

Después de lo que hemos expuesto, puede que alguien se pregunte: ¿En qué consiste el sello de la salvación? ¿Cuándo lo recibimos? ¿Cómo podemos saber si lo tenemos o si no lo tenemos? El apóstol Pablo nos va a contestar estas preguntas en los siguientes pasajes de la Sagrada Escritura: En la Segunda Epístola a los cristianos de Corinto, capítulo uno, versículos 21 y 22, dice Pablo: Dios nos ungió, nos selló y nos ha dado las arras del Espíritu Santo en nuestros corazones.

En la Epístola a los cristianos de la iglesia de Efeso, capítulo uno, versículo 13 y 14, dice el Apóstol:

> *"Habiendo oído la palabra de verdad, el evangelio de vuestra salvación y habiendo creído en él, fuisteis sellados con el Espíritu Santo de la promesa, que es las arras de nuestra herencia hasta la redención de la posesión adquirida".*

Puntualicemos este importante pasaje: Los cristianos de Efeso habían oído la palabra de verdad, el evangelio que les ofrecía salvación (Marcos 16:15-16). Esto implica que habían sido instruidos en todo lo que enseña el evangelio en relación con la salvación. Y que habían creído que el evangelio es la verdad de Dios, y que Cristo es el que perdona los pecados (Hechos 10:43), regenera el alma, nos concede la salvación (Hechos 16:31), y nos convierte en sus coherederos (Romanos 8:17). Y al creer, con el corazón, lo que el Apóstol les había enseñado, fueron sellados con el Espíritu Santo. El Espíritu Santo entró en ellos y permanecía en ellos (I Corintios 3:16). En Efesios 4:30, se vuelve a mencionar la función selladora de la presencia del Espíritu Santo en nosotros. Dice Pablo: "No entristezcáis al Espíritu Santo de Dios, con el cual fuisteis sellados para el día de la redención". ¿A qué se refiere el Apóstol cuando dice: "el día de la redención"?. Se refiere al día cuando nuestra salvación se va a completar. Los que ahora recibimos el sello de la salvación, tenemos un alma regenerada (Juan 1:12-13, 3:3, y 5:24); pero estamos en un cuerpo enfermizo y corruptible. Cuando el Salvador vuelva a este mundo nos va a dotar de un cuerpo incorruptible e inmortal y entonces viviremos en un mundo regenerado (Mateo 19:28. Apocalipsis 21:1-4), con cuerpo regenerado y alma regenerada; todo nuevo. El término "regenerar" implica engendrar de nuevo.

Desde hace miles de años hasta hoy, los hombres han apelado el método de sellar, con el propósito de impartir VERACIDAD, AUTENTICIDAD, POSESION, GARANTIA, SEGURIDAD. Con este propósito han usado y usan diferentes objetos o instrumentos. Con idéntico propósito, Dios ha apelado también al método de sellar. Desde los días de Abraham hasta la muerte de Jesús de Nazaret, el procedimiento u objeto sellador fue el rito llamado circuncisión. Se aplicaba solamente a los varones del linaje de Abraham. Aquel sello fue el equivalente a una carta de ciudadanía. Los sellados constituían el pueblo de Dios.

Bajo el Pacto de la Gracia, Dios ha introducido un cambio muy grande de procedimiento u objeto sellador. Dios aplica el sello solamente a los que han experimentado el nuevo nacimiento del alma (Gálatas 5:15). A los que han alcanzado la ciudadanía celestial (Filipenses 3:20), y el ingreso a la familia de Dios (Efesios 2:19). Los nombres de éstos han sido escritos en el libro de los redimidos del Cordero de Dios (Filipenses 4:3). Aunque mencionamos aquí cuatro aspectos, éstos se pueden resumir en uno: el nuevo nacimiento del alma (Juan 1:13, 3:3,6). El inconverso está muerto espiritualmente, en delitos y pecados (Efesios 2:1-5). Cuando nos convertimos de corazón, el espíritu pasa de muerte a vida (I Juan 3:14). Al nacer de nuevo, automáticamente entramos a formar parte de la familia de Dios, por adopción y nuestro nombre se escribe en el libro de la vida eterna.

Bajo el Pacto de la Gracia, Dios aplica el sello de la salvación a hombres y mujeres. El elemento sellador lo constituye la presencia permanente del Espíritu Santo en el corazón (Romanos 8:9). No puede haber sellamiento real sin la experiencia del nuevo nacimiento del alma y no puede haber nuevo nacimiento del alma sin la entrada permanente del Espíritu Santo. Y esto quiere decir que la entrada del Espíritu y el nuevo nacimiento del alma son hechos simultáneos. El nuevo nacimiento es el resultado de la conexión de nuestro espíritu con el Espíritu del Señor, fuente de la vida eterna.

¿A quiénes imparte Dios el sello de la salvación?

Preste mucha atención a la respuesta: El que aspire a obtener una salvación sellada tiene que comenzar por sentirse convicto de pecado o culpabilidad para con Dios. Si falla en este punto, fallará en todos los demás pasos que tienen que ver con la salvación.

El día de Pentecostés se reunieron frente al llamado aposento alto de Jerusalén más de 3.000 personas. Y el apóstol Pedro, inspirado por el Espíritu Santo, les dijo: Sabed, pues, ciertísimamente ciudadanos de Israel, que a este Jesús, a quien vosotros crucificasteis Dios lo ha levantado de los muertos (Hechos 2:24), y lo ha hecho Señor y Cristo (Hechos 2:36). Pedro les lanzó una acusación clara y directa; cuál fue la reacción? Dice el versículo 37 que se sintieron "compungidos de corazón". Este es el término más expresivo que podremos encontrar en relación con la convicción de culpabilidad. "Compungidos de corazón", profundamente convictos y afligidos.

Un aspecto de la crisis espiritual que se observa en todas las iglesias que conocemos, nos parece que radica en el hecho de que un alto por ciento de la membresía ha entrado sin haber experimentado una genuina y viva convicción de culpabilidad para con Dios. Y el que falla en este punto, falla en todos los demás aspectos de la vida cristiana. (Quisiéramos estar equivocados en lo que estamos diciendo).

No puede haber un arrepentimiento verdadero, sentido, si no nos sentimos convictos de pecado y destituidos del reino de Dios (Romanos 3:22-23).

No puede haber perdón donde no hay confesión de pecado, y no puede haber salvación allí donde no se siente necesidad de un salvador.

La crisis espiritual del cristianismo radica en que algunos entran a formar parte de la membresía de la iglesia porque aceptan o heredan la religión que practican sus padres, o porque piensan que hay que creer en algo, o porque piensan que el evangelio nos presenta una historia verdadera. ¿Por qué insistimos en esto? Porque los que han entrado a formar parte de la membresía de la iglesia por la puerta de un simple gesto o profesión de fe, todavía están a tiempo para dar los pasos que conducen a la obtención del sello divino de la salvación.

Lucas 7:36-50 constituye un pasaje muy esclarecedor en relación con el tema que estamos considerando: La convicción de pecado. Dice esta narración que un fariseo, llamado Simón, invitó a Jesús a comer, y Jesús aceptó la invitación. Explica el pasaje que Jesús "se sentó a la mesa". Para el buen entendimiento de lo que sucedió después, debemos aclarar que en aquel tiempo no se sentaban a la mesa en la forma que lo hacemos en la actualidad. Entonces se inclinaban a la mesa con los pies hacia atrás.

Al saber que Jesús estaba en aquella casa, una mujer, reconocida públicamente como de mala conducta, se metió en la casa, llevando en la mano un pomo de alabastro con perfume. Se postró a los pies de Jesús llorando y regaba con sus lágrimas los pies del Salvador, los secaba con sus cabellos, los besaba y los ungía con el perfume.

Aquella era una mujer, posiblemente prostituta. Convicta de su mala conducta, arrepentida, y que, por la misericordia y gracia de Dios, había llegado a la convicción de que Jesús era el Salvador de los pecadores. Era una mujer sedienta de perdón, de paz, y de salvación. Una mujer que impulsada por el peso de sus culpas, se atrevió a meterse en una casa a la que no la habían invitado.

Simón, el fariseo, se sintió escandalizado. En su opinión, Jesús no debía permitirle a aquella mujer lo que le estaba haciendo. Y Jesús dijo: mujer, te perdono todos tus muchos pecados. Tu fe en mí te ha salvado, vete en paz. Podemos afirmar que aquella mujer alcanzó aquel día, para ella inolvidable, una salvación sellada por las palabras del Salvador.

El reino de nuestro Señor Jesucristo estará integrado o compuesto únicamente por pecadores que un día se vieron convictos de sus culpas, que se arrepintieron de sus pecados, que volvieron sus ojos al Salvador, y que recibieron el perdón que el Señor les ofreció.

A la inversa, en el infierno habrá muchos millones que a su paso por este mundo se han proclamado santos. Han declarado una y otra vez, que ellos no tienen de qué arrepentirse, porque nunca ofendieron a Dios ni a los hombres. Dicen que han sido buenos hijos, buenos esposos, buenos padres, buenos ciudadanos. ¡Buenos! ¡Buenos! Y van a ir a parar al infierno, porque Jesús nos dice: "No he venido a llamar justos, sino pecadores, al arrepentimiento". (Mateo 9:13). Y a los santos religiosos de su tiempo les dijo: "Los publicanos y las rameras van delante de vosotros al reino de Dios. Porque vino a vosotros Juan el Bautista, y no le creísteis; pero los publicanos y las rameras le creyeron" (Mateo 21:31-32). Y citamos aquí otro pasaje del evangelio, en el cual, el Salvador expresa lo siguiente:

> *"No todo el que me dice: Señor, Señor, entrará en el reino de los cielos, entrará el que hace la voluntad de mi Padre que está en los cielos. Muchos me dirán en aquel día (el día del juicio): Señor, Señor, ¿no profetizamos en tu nombre, y en tu nombre echamos fuera demonios, y en tu nombre hicimos muchos milagros? Y entonces les declararé: Nunca os conocí (por míos); apartaos de mí hacedores de maldad".*
>
> Mateo 7:21-23

Estas palabras del que va a ser Juez de toda la humanidad, debieran sonar como un fuerte aldabonazo en las conciencias de muchos que repiten constantemente que hacen milagros y maravillas en el NOMBRE de Cristo. Pero, ¿Aman a Dios? ¿Hacen lo que agrada a Dios? ¿Respetan a Dios?

¿A quiénes imparte Dios el sello de la salvación? A los que han reconocido sus culpas y se han arrepentido de sus pecados, y han reconocido a Jesucristo como su salvador y Señor, y han creído que el Salvador les ofrece el perdón de todos los pecados; a los que han experimentado un nuevo nacimiento del alma, un cambio de conducta.

¿Cómo podemos saber si Dios nos ha impartido el sello de la salvación o si aún no lo tenemos?

El sello de la salvación solamente lo pueden tener pecadores arrepentidos; arrepentidos de corazón no solamente de labios. Los que han reconocido a Cristo como su salvador, y se han acogido al perdón que el Señor les ofrece, y tienen conciencia de que sus pecados han sido perdonados.

1. Recibir el sello de la salvación implica que hemos sido convertidos en templo del Espíritu Santo. En Romanos 5:5, dice que "nos fue dado el Espíritu Santo". Y en Romanos 8:9, dice: "Vosotros no vivís según la carne sino según el Espíritu, si es que el Espíritu de Dios mora en vosotros y *si alguno no tiene el Espíritu de Cristo, no es de Él*". El Espíritu de Dios

y el Espíritu de Cristo, es el Espíritu Santo. Este pasaje define a los que son cristianos de verdad y a los que no lo son.

En I Corintios 3:16, se nos dice: "¿No sabéis que sois templo de Dios y que el Espíritu de Dios mora en vosotros?"

Y en Efesios 4:30 dice: "No entristezcáis al Espíritu Santo, con el cual fuisteis sellados".

Este acontecimiento no puede tener lugar sin que el que ha recibido el Espíritu se dé cuenta. La entrada del Espíritu viene acompañada por una serie de manifestaciones reales: perdón, paz, gozo, esperanza de gloria y virtud o poder para vencer las tentaciones, obedecer a Dios, y alcanzar un nivel de vida o conducta victoriosa.

2. Recibir el sello del Espíritu implica un cambio de corazón; *un cambio muy real de sentimientos*. De esto nos habla la Sagrada Escritura en Ezequiel 36:25-27. Dice el Señor en este pasaje:

1) Os limpiaré de todas vuestras inmundicias. Y en el Nuevo Testamento amplía esta acción, diciendo: "Mi... sangre... que por muchos es derramada para remisión de los pecados" (Mateo 26:28). "Sin derramamiento de sangre no hay remisión —perdón— de pecados" (Hebreos 9:22). "La sangre de Jesucristo nos limpia de todo pecado" (I Juan 1:7).

2) "Pondré mi Espíritu dentro de vosotros" (Ezequiel 36:27). "Y os daré un corazón nuevo, y pondré espíritu nuevo dentro de vosotros; y os quitaré el corazón de piedra [corazón duro e insensible], y os daré un corazón de carne [corazón sensible]" (v. 26). Y preguntamos aquí: ¿Es posible que un ser humano experimente un cambio de corazón sin darse cuenta de lo que ha sucedido? ¿Qué pasa entonces con los "cristianos" que nunca tuvieron una experiencia de cambio de corazón o de sentimientos? Lo que pasa es que su cristianismo no ha pasado de la cabeza, no ha llegado al corazón. Y lo gravísimo de este asunto es que no son realmente salvos, no tienen el sello de la salvación. Este asunto debiera

preocupar a todo el que es miembro de alguna iglesia, y a los que no son miembros de ninguna.

3. Recibir el sello de la salvación implica recibir un poder transformador y liberador. Dice en II de Corintios 3:17, que "donde está el Espíritu del Señor allí hay libertad". Y en Colosenses 1:13 dice que Dios nos ha librado del poder de las tinieblas y nos ha trasladado al reino de su amado Hijo.

¡Qué tristeza nos da el ver y oír a cristianos que tienen un sentimiento de rencor? ¡Que aman el mundo y las cosas del mundo! ¡Que confiesan que no pueden resistir o vencer las tentaciones! (Juan 8:36, 16:33. I Juan 2:15-16).

Si una persona dice ser cristiana, y confiesa que no se puede separar de uno o más vicios, su cristianismo nos preocupa.

4. Recibir el sello de la salvación, implica recibir una iluminación del entendimiento; sobre todo del entendimiento relacionado con la Biblia (I Corintios 2:14). Un destacado pastor, que ya está con el Señor, contó la siguiente anécdota: Un día, al final de un culto, se le acercó un joven y le dijo:

—Pastor, hay algunos pasajes de la Biblia que no los entiendo, y necesito ayuda.

—¿Es usted convertido? —le preguntó el pastor.

—Todavía no me he convertido —dijo el joven.

—Pues si quiere entender la Biblia le aconsejo que se convierta. Y quiero tener una entrevista con usted tan pronto como le sea posible.

Pasaron varias semanas, y el joven no volvió a acercarse al pastor. Y cuando éste se volvió a encontrar frente a frente con él, le dijo:

—Estoy esperando que me diga cuándo nos vamos a reunir para la entrevista.

Y el joven respondió:

—He seguido su consejo. Me he convertido y ahora entiendo la Biblia.

5. Recibir el sello de la salvación implica un cambio de conducta y de gustos. La presencia del Espíritu Santo en nuestro interior inclina nuestra mente y corazón, nuestros sentimientos y voluntad, a lo que agrada a Dios; y nos imparte la gracia, la virtud, la fortaleza, para agradar a Dios, y rechazar lo que agrada al diablo. En relación con este aspecto, nos dice San Pablo, en II Corintios 5:17, lo siguiente:

"Si alguno está en Cristo nueva criatura es; las cosas viejas pasaron; he aquí todas son hechas nuevas".

La entrada del Espíritu del Señor, implica un HASTA AQUI y un DESDE AQUI. Hasta el día que el Espíritu del Señor entró en mí, viví de una manera. Y desde aquel día experimenté un cambio; no volví a ser lo que había sido. Mis sentimientos y deseos no son los mismos.

Recientemente nos visitó un hombre que decía ser cristiano convertido y a nosotros nos pareció que no había tenido una experiencia real de conversión. Le citamos II Corintios 5:17. Y tomamos un pliego de papel para cartas, lo doblamos por la mitad, se lo dimos y le dijimos: Escriba en la cara de la izquierda "las cosas viejas" que usted hacía y ya no hace. Y escriba en la cara de la derecha "las cosas nuevas" que ahora hace y no hacía antes.

El hombre en cuestión pensó por unos instantes en el planteamiento que le habíamos hecho, y nos dijo: "No puedo llenar esta hoja en la forma que usted me plantea. "Mi vida no tiene pasado y presente, es en el presente lo que fue en el pasado". Aquel hombre entendió la lección y me dio las gracias.

6. El que ha recibido el sello de la salvación tiene un testimonio interior que le dice que es hijo de Dios. Romanos 8:16.

El que ha recibido el sello de la salvación sabe que lo ha recibido. Tiene suficientes manifestaciones y evidencias que se lo confirman. Pero hay "cristianos" que no han recibido el sello de la salvación, y se creen cristianos de primera fila; los hay que ocupan altas posiciones en las iglesias y en organizaciones cristianas. Y algunos van más allá, se creen lumbreras.

Una advertencia a los "cristianos" que no tienen el sello de la salvación

El diccionario define la palabra "encuesta" diciendo que es averiguación o indagación. Vivimos en un tiempo cuando los políticos, la política, la religión y los diferentes aspectos de carácter social son sometidos a encuestas. Si Dios encomendase a sus ángeles que llevasen a cabo una encuesta en la esfera del cristianismo, con el propósito de dar a conocer el porcentaje de cristianos que poseen el sello de la salvación, y el porcentaje de los que no lo poseen , pensamos que el resultado sería extraordinariamente sorprendente. Y si nos diesen el resultado de la encuesta iglesia por iglesia, el resultado sería igualmente sorprendente. Imagínense lo que estamos pensando.

Hace algunos años asistimos a unas conferencias de la denominación a que pertenecemos. Había una asistencia de alrededor de dos mil personas. La última noche, el pastor que tuvo la responsabilidad de dar el mensaje nos narró la siguiente experiencia: Hice profesión de fe en Cristo cuando tenía dieciocho años. Fui bautizado, y me convertí en un miembro activo de la iglesia. Después de algún tiempo, varios miembros de la congregación, y el propio pastor, me dijeron que veían en mí un candidato idóneo para el pastorado.

La iglesia y el pastor me recomendaron a un seminario. Fui aceptado. Estudié las asignaturas de Biblia, Teología, Homilética, y Hermenéutica, que es el arte de interpretar bien la Biblia. Me gradué con buenas notas, y acepté el llamamiento que me hizo una iglesia, invitándome a ser su pastor. Durante seis años enseñé a la congregación las doctrinas de que nos habla la Biblia, y prediqué de todos los temas bíblicos que suele predicar un pastor. Al cumplirse los seis años, me vi envuelto en una crisis de naturaleza espiritual. Fue durante este trance que me di cuenta que no era realmente convertido, que no había experimentado el nuevo nacimiento del alma y que no tenía el sello de la salvación.

El testimonio de aquel pastor nos resultó interesante, instructivo, y aleccionador. Fue un testimonio personal que nos enseñó que un hombre, con mentalidad normal, puede hacer profesión de fe en Cristo, ser miembro de una iglesia, cursar las asignaturas de un seminario, que se supone que capacitan a un cristiano para ejercer la función de pastor de una iglesia; puede predicar durante seis años, lo que se supone que un pastor debe predicar y enseñar; sin haber llegado a experimentar el nuevo nacimiento del alma, el cambio de corazón de que nos habla la Sagrada Escritura en Ezequiel 36:26, ni el cambio de vida mencionado en II Corintios 5:17. Ante este fallo, nos preguntamos si los profesores de Biblia y Teología sabían, por experiencia propia, lo que es el nuevo nacimiento del alma, el cambio de corazón y de conducta, y si sabían explicarlo a los alumnos del seminario.

Supongamos que aquel pastor haya sido examinado por los miembros del concilio examinador que dio su aprobación para la ordenación pastoral y supongamos también que le preguntaron:

—¿Cree usted que la Biblia es un libro inspirado por el Espíritu Santo?

—¿Cree usted que todos los seres humanos necesitan un salvador?

—¿Cree usted que para entrar en el reino de Dios es imprescindible nacer de nuevo?

—¿Cree usted que el nuevo nacimiento del alma conduce a un cambio de corazón y de vida?

Si le formularon estas preguntas, el examinado habrá contestado que sí a todo. ¿Fue sincero? Vamos a admitir que fue sincero; pero que no entendía el alcance de las preguntas que le formulaban. Con la cabeza o intelecto creía que la Biblia enseña la verdad. Que todo el que quiera ser salvo debe creer que Cristo murió para salvar *a los pecadores*. Que el Señor llama a todos *los pecadores* al arrepentimiento. Pero su fe y cristianismo no pasó de la esfera de la mente; no llegó a la esfera del corazón.

En la vida de aquel pastor hubo, por lo menos, dos fallos: el primero tuvo lugar cuando hizo profesión de fe en Cristo sin experimentar convicción de pecado (Hechos 2:37). Y donde falta esta convicción, falta también el estímulo que mueve al arrepentimiento de corazón y a la fe en el Salvador. Y cuando una persona falla en este punto de partida, el Espíritu Santo no puede entrar en esa persona, porque no hubo verdadero arrepentimiento ni otorgamiento del perdón divino. Y sin la iluminación interior del Espíritu del Señor, cualquiera puede leer la Biblia una o muchas veces, sin percibir o discernir el aspecto espiritual que envuelve lo que lee (1 Corintios 2:14; 2 Corintios 3:15-16).

No piense el lector que el caso del pastor que hemos mencionado es único o excepcional. ¡Ojalá fuese así! pero no lo es. Desde los días de Jesús de Nazaret hasta hoy, la historia del cristianismo nos habla de miembros de las iglesias, y de pastores, que no dieron evidencias de haberse convertido de corazón, de haber recibido el sello divino de la salvación.

Cuando pastoreábamos la iglesia bautista del distrito del Vedado, en la Habana, situada cerca de la Universidad, una tarde, alrededor de las cinco, tocó a la puerta de la casa donde vivíamos, un hombre de presencia respetable, que me preguntó si era yo el pastor Domingo Fernández. Al responderle que sí, me dijo: Yo soy el doctor fulano de tal, profesor de la Escuela de Medicina de la Universidad. Tengo inquietud religiosa en relación con mi futuro, y necesito orientación.

Le explicamos el plan de salvación, citándole pasajes del Nuevo Testamento, y dándole las explicaciones que creíamos necesarias. Cuando terminamos, le dijimos: Doctor, le explicamos lo que hay que *sentir, saber y creer*, para obtener la salvación. ¿Lo ha entendido? Se puso de pie, extendió los dedos de las manos, los levantó al nivel del cuello, y dijo "*De aquí para arriba lo he entendido*. Pero tengo un problema; de donde tengo los dedos para abajo no siento nada; no me siento culpable de haber pecado, y no me siento estimulado a arrepentirme". Era la primera vez que le explicaban el plan de salvación, pero entendió lo que todavía no han entendido algunos profesores de biblia.

Aquel profesor supo separar las funciones que le están encomendadas a la mente, al entendimiento intelectual, de las que le están encomendadas al corazón, a la esfera de los sentimientos. La mente y el corazón son dos aspectos de la personalidad humana. El conocimiento nos entra por la cabeza; pero se requiere una respuesta positiva, un asentimiento, del corazón. El Señor nos dice, en Juan 5:24, lo siguiente: "El que *oye* mi palabra, y *cree* al que me envió, tiene vida eterna". Oír y creer. Y Pablo nos dice, en Romanos 10:9 y 10, que *si confesamos con la boca, y creemos con el corazón* seremos salvos. Hay miembros en todas las iglesias que se han convertido con la cabeza, con el entendimiento y otros que se consideran cristianos por herencia. Pero todavía no ha experimentado un cambio de corazón (Ezequiel 36:26); y como siguen con el corazón viejo, el corazón adámico, el corazón heredado, no tienen todavía el sello divino de la salvación; porque el sello de la salvación es inseparable del corazón nuevo. Donde no hay nuevo corazón, no hay sello.

Y al llegar aquí SAN PABLO NOS PIDE LA PALABRA PARA DIRIGIRSE A LOS ERUDITOS DEL PRESENTE

Dice el Apóstol: La palabra de la cruz es locura a los que se pierden; pero para los que se salvan es poder de Dios. Pues está escrito. Destruiré la sabiduría de los sabios, y desecharé el entendimiento de los entendidos. ¿Dónde está el sabio? ¿No están hoy en un lugar de tormento algunos "sabios" que han pasado por este mundo? Pues como algunos han hecho mal uso del don que el Señor les ha dado, Dios apeló a un método efectivo de salvación. Por eso nosotros predicamos a Cristo crucificado; plan que los judíos rechazan, y que los gentiles pretenden ridiculizar; pero para los que creemos en él, Cristo es poder de Dios y sabiduría de Dios. Pues mirad, hermanos, vuestro llamamiento, que no hay entre vosotros muchos sabios, según las normas humanas, ni muchos poderosos, ni muchos nobles o elevada alcurnia. Deliberadamente Dios ha escogido a los que el mundo llama tontos y débiles para avergonzar a los que son considerados fuertes y sabios. Para que nadie se jacte delante de Dios. (I Corintios 1:18-29).

El 15 de marzo de 1991, el periódico Nuevo Herald, de Miami, publicó una amplia información relacionada con Jesús y sus enseñanzas. De acuerdo con esta información, en 1985, doscientos profesores de Biblia decidieron organizarse para llevar a cabo un estudio "profundo" y exhaustivo de la persona y enseñanzas de Jesús. Estos doscientos profesores se califican a sí mismos de especialistas de la Biblia, profesores académicos, término que equivale a decir, lo más capacitado y brillante en relación con la Biblia.

Estos doscientos profesores académicos, son profesores de Biblia en universidades y seminarios de Estados Unidos. Y después de cinco años estudiando en grupo la persona y enseñanza de Jesús, llegaron a la conclusión de que Jesús nunca pretendió ser el Hijo de Dios. Dicen que fueron los discípulos de los primeros siglos del cristianismo los que promovieron la enseñanza de que Jesús era el Hijo de Dios (Véase Juan 9:35-37). Y de las enseñanzas que Mateo, Marcos, Lucas y Juan atribuyen a Jesús, dicen que solamente veinte por ciento son enseñanzas auténticas de Jesús.

Hemos mencionado los doscientos "académicos" que se han organizado para negarle a Jesucristo su Divinidad y negarles veracidad a los cuatro Evangelios. Pero no son solamente éstos los profesores de biblia que cuestionan la inspiración y veracidad de la Biblia. Nosotros sabemos de otros centenares, o quizás miles, que dicen que la Biblia tiene errores, y que no creen en los milagros que la Biblia menciona. Este criterio lo comparten por igual profesores protestantes y católicos. Los que digan que la Biblia tiene errores, que Adán y Eva no fueron personajes reales, y que los primeros capítulos del Génesis constituyen una recapitulación de fábulas; los que enseñen esto, no tienen el sello de la salvación, están ejerciendo la función de instrumentos del maligno (Efesios 2:2).

Hace algún tiempo, siete teólogos de la iglesia oficial de Inglaterra, publicaron un libro de doscientas once páginas, titulado: "El mito de Dios encarnado". Dijeron que lo publicaban con el propósito de liberar a las iglesias de tener que creer en la divinidad de Cristo y en los milagros.

La llamada Teología de la Liberación la concibió y escribió el sacerdote peruano Gustavo Gutiérrez, profesor de la universidad católica de Lima. Esta teología es francamente marxista, antibíblica y anticristiana. Sin embargo muchos obispos y sacerdotes católicos de la América del Sur se han declarado abiertamente partidarios de la mencionada teología. Hay un refrán que dice: "Dime con quién andas y te diré quién eres". Y podríamos añadir: Dime quién fue tu profesor de Biblia y de teología, y te diré lo que crees. Seas evangélico o católico. Los partidarios de la Teología de la Liberación, todavía no se han liberado del poder del maligno (Colosenses 1:12-13). No tienen el sello de la salvación.

En el presente, el cristianismo en general, se encuentra inmerso en una crisis espiritual muy grande. Hay líderes o dirigentes que no tienen el sello divino de la salvación; que no tienen sentimiento de respeto hacia Dios; que no creen en la veracidad integral de la Biblia; que no creen en la intervención sobrenatural en la historia del llamado pueblo de Dios; que apelan a procedimientos que Dios no aprueba y que las leyes de los hombres condenan; que pervierten el evangelio, como decía Pablo. Con líderes, maestros y guías de esta clase, ¿qué podemos esperar de los que reciben de ellos el pan de la enseñanza?

Teniendo en cuenta lo acabamos de exponer, surge la siguiente interrogación: ¿Si los ángeles del cielo reuniesen a los miembros de las iglesias que se consideran cristianas y pusiesen a un lado los que son sellados por Dios, y al otro lado los que carecen del sello de la salvación? ¿cuál grupo sería mayor? Y ¿en qué grupo aparecería usted? El resultado de estas interrogaciones nos infunde un sentimiento de dolor y compasión. Pero el caer de un lado o del otro depende de la actitud de cada ser humano para con Cristo (Juan 3:17-19).

Y pasamos a otro aspecto del tema:

¿Se podrá perder alguno de los que han sido sellados por Dios?

¿Qué implica el ser sellado? Implica que el sellado ha sentido convicción de pecado y se ha arrepentido de corazón. Implica que el sellado ha reconocido la necesidad de un salvador, y ha puesto sus ojos en Jesucristo viéndole como el Salvador que necesita. Implica que el sellado ha sido perdonado, limpiando de todas sus culpas y convertido en hijo espiritual de Dios (Juan 1:12. Romanos 8:14). Implica que Dios lo ha sellado con la presencia permanente del Espíritu Santo (Efesios 1:13-14). El sellamiento envuelve las nociones siguientes: aceptación, propiedad y seguridad.

La presencia del Espíritu Santo en el cristiano sellado implica luz para conocer la verdad, poder para resistir y vencer las tentaciones (I Corintios 10:13. II Corintios 3:17. I Pedro 5:6-9. Colosenses 3:1-4). El sello de Dios implica que nuestra alma pasó de muerte (separación de Dios), a una conexión de vida con el que es la Fuente de la vida.

El sellamiento implica que hemos entrado a formar parte "de la familia de Dios" (Efesios 2:19), que hemos adquirido la ciudadanía del cielo (Filipenses 3:20) y que nuestro nombre fue escrito en el libro de la vida eterna (Lucas 10:20. Filipenses 4:3).

Dios el Padre está interesado en que al fin lleguemos a la meta que nos pone delante. Jesucristo, el que pagó en la cruz el precio de nuestra redención, está a la diestra del Padre intercediendo por nosotros. Y el Espíritu Santo está en nosotros —los que tenemos el sello de Dios— brindándonos su gracia, su apoyo, y su ayuda, para que perseveremos hasta vernos literalmente en la presencia del Señor.

Ahora bien, teniendo en cuenta nuestras relaciones con Dios y las de El con nosotros (Juan 14:23. Gálatas 2:20). ¿Será posible que podamos perder el sello de Dios, y nuestra condición de miembros de la familia de Dios, nuestra ciudadanía celestial, y que nuestro nombre llegue a ser borrado del libro de la vida?

Considerando que el Evangelio nos dice (Mateo 4:1-11) que Jesús, después de su bautismo, fue sometido a la prueba de la tentación, los estudiantes de teología suelen formular en las aulas de los seminarios la siguiente cuestión: ¿Podía Jesús ceder a la tentación, sí o no? ¿Estaba en libertad de ceder o no tenía libertad para hacerlo? Tomando en cuenta las implicaciones que envuelve esta cuestión, la respuesta resulta delicada y difícil. Nuestra respuesta es que sí. Jesús fue un hombre, un hombre perfecto, pero hombre. Y en su condición de "Hijo del Hombre" (su naturaleza humana), de segundo Adán (I Corintios 15:45. Romanos 5:14). Jesús fue sometido a una prueba real. Si Jesús no hubiera tenido libertad para pecar, la tentación hubiera sido una simple comedia; pero no fue comedia, fue una prueba real. Tenía libertad para ceder a las insinuaciones del tentador. Pero Dios el Padre sabía que no iba a pecar. Jesús tenía la suficiente sabiduría, respaldo divino, y fuerza de voluntad, para hacer buen uso de su libertad; para no dejarse engañar como Eva, y para no ceder a la persuasión, como hizo "el primer Adán".

Los ángeles son seres de naturaleza espiritual creados por Dios antes de Adán. ¿Tienen libre albedrío? ¿Pueden pecar? Respondemos que sí. Un ser angélico, de la más alta jerarquía, llamado Lucero (Isaías 14:12. Ezequiel 28:14), concibió el plan de rebelarse contra Dios y disputarle el dominio del universo (Isaías 14:13). Lucero, como Coré en la esfera humana (Números 16), arrastró con él a cierto número de ángeles. El plan les salió mal. No alcanzaron lo que ambicionaban y perdieron lo que tenían. Los ángeles que se mantuvieron fieles al Creador aprendieron la lección, y aunque tienen libertad, no hubo más deserciones después de la caída de Luzbel. Apliquemos esto a los sellados por Dios.

Los que hemos sido sellados por nuestro Padre celestial, con el sello de la salvación, ¿tenemos libertad o la hemos perdido al haber alcanzado la ciudadanía celestial? Dios creó a nuestro padre Adán a su imagen y semejanza. Uno de los atributos de esta semejanza es el don de la libertad. Y no concebimos que Dios nos despoje del don de la libertad cuando llegamos a ser sus hijos por la fe en Cristo Jesús (Gálatas 3:26). No perdemos la libertad, lo que perdemos es el derecho al libertinaje. El sello de la salvación nos capacita para hacer buen uso de la libertad, para no volvernos a encadenar al pecado. Dice en el Segundo Libro de las Crónicas, capítulo 16:9, que "los ojos del Señor contemplan toda la tierra para mostrar su poder a favor de los que tienen un corazón perfecto para con El". Y en el Salmo 34:7, dice que "el ángel de Jehová acampa alrededor de los que le temen , y los defiende". Y en Lucas 22:31-32, dice que el Señor le dijo a Pedro: "Satanás os ha pedido para zarandearos como a trigo; pero yo he rogado por ti, que tu fe no falte". Y podemos estar seguros de que Su ministerio a la diestra del Padre abarca este aspecto intercesor (Romanos 8:34, Hebreos 2:18).

Y en II de Pedro 2:9, dice que "sabe el Señor librar de tentación a los que son piadosos". Y en I Corintios 10:13, tenemos una de las grandes promesas relacionadas con las tentaciones. Dice que Dios no permitirá que nos sobrevengan tentaciones irresistibles; y que cuando nos veamos tentados El nos dará una salida para no caer. Pero entendamos que la salida será para los que la buscan, para los que no quieren caer.

Y en Filipenses 1:6 tenemos la siguiente promesa: "El que comenzó en vosotros la buena obra, *la perfeccionará* hasta el día de Jesucristo". Los pasajes que hemos citado tienen aplicación a los que tienen el sello de la salvación.

Y volvemos a preguntarnos: ¿Se podrá perder alguno de los que han sido sellados por Dios? La respuesta nos demanda que hilemos muy fino, que pidamos la dirección del Señor, que procedamos con prudencia y sentido de responsabilidad ante Dios.

Tenemos delante una serie de pasajes bíblicos que nos brindan confianza y seguridad. Pero hay en la Biblia otra serie de pasajes que nos advierten que el diablo anda alrededor como un león rugiente buscando a quien devorar. Y que debemos vestirnos con toda la armadura de Dios para poder *estar firmes contra las asechanzas del diablo*, y sus huestes

51

demoníacas (I Pedro 5:7. Efesios 6:11-12). Es posible que haya algún cristiano sellado que no preste a esta advertencia la atención que el peligro demanda. ¿Qué pasará con esos cristianos? Lo veremos más adelante.

Pasajes que nos hablan de seguridad: Salmo 12:7. "Tú, Señor, nos guardarás, tú nos protegerás para siempre de esta generación" (NC.) Juan 10:27-29.

> "*Mis ovejas oyen mi voz, y yo las conozco, y me siguen, y yo les doy vida eterna; y no perecerán jamás, ni nadie las arrebatará de mi mano. Mi Padre que me las dio, es mayor que todos, y nadie las puede arrebatar de la mano de mi Padre*".

Judas, en el versículo 24, dice: "A Aquel que es poderoso para guardaros sin caída, y presentaros sin mancha delante de su gloria con gran alegría".

Y en I de Juan 5:18 (V.M.), dice: "Sabemos que todo aquel que ha nacido de Dios, no practica el pecado ... se guarda, y el maligno no le toca". Y en I de Pedro 1:5, el apóstol nos dice que somos guardados por el poder de Dios, mediante la fe".

El capítulo 8 de la Epístola a los Romanos, es uno de los capítulos sobresalientes de la Biblia. El versículo primero, nos dice: "Ahora pues, ninguna condenación hay para los que están en Cristo Jesús, los que no andan conforme a la carne, sino conforme al Espíritu". El versículo 16 dice que el Espíritu —de Dios— da testimonio a nuestro espíritu, de que somos hijos de Dios.

Los versículos 28 al 39 nos habla del propósito de Dios para con nosotros, y de nuestra respuesta de amor y fidelidad a Dios. Y dice el versículo 35: "¿QUIEN NOS SEPARARA DEL AMOR DE CRISTO? Nadie ni nada. Aquí no hay vacilación ni duda, la confianza es plena. Te suplicamos, estimado lector, que estudies detenidamente lo que expresa Pablo en Romanos 8:28 al 39.

Hemos presentado una cara de la moneda, la que tiene que ver con el propósito de Dios para con nosotros, y Su acción encaminada a que Su propósito tenga una culminación gloriosa.

A continuación vamos a considerar la otra cara; la que tiene que ver con nuestra obediencia y confianza en Dios y en sus promesas, y nuestra dependencia de El. Vivimos en un cuerpo que no ha sido aun regenerado. Estamos en una esfera social en la que imperan el libertinaje, la pornografía, las tentaciones y la falta de respeto a Dios. Y por nuestra condición de hijos de Dios, sellados con la presencia del Espíritu Santo, se nos exhorta a observar una conducta santa, limpia y agradable a nuestro Padre celestial (I de Pedro 1:15-16) y se nos advierte que sin santidad nadie verá al Señor (Hebreos 12:14).

Y para que estemos conscientes que necesitamos asirnos del Señor y de Su palabra, se nos advierte que la confianza en nosotros mismos puede conducirnos a un fracaso. Dice en I de Corintios 10:12, "el que piensa estar firme, mire no que caiga" en pecado. Y en Filipenses 2:12, dice: "Ocupaos en vuestra salvación con temor y temblor". Los filipenses eran salvos. Pablo dice, en el versículo uno, que los filipenses eran "santos". Y en 1:6, dice: "El que comenzó en vosotros la buena obra, la perfeccionará hasta el día de Cristo. El Apóstol no exhorta a los filipenses a salvarse; los exhorta a cuidar lo que ya tienen, a vivir como se espera que viva un cristiano; a crecer en la gracia, a poner en práctica lo que les aconseja en 2:1-5.

Nos resulta interesante el ver como el Apóstol toca las dos caras de la moneda. En la Epístola a los Romanos enfatiza la perseverancia de los santos, la seguridad de la salvación, y en la Epístola a los Hebreos, se dirige a un núcleo de cristianos que estaban en peligro de hacer mal uso de la libertad, y de apostatar de la fe en Cristo.

Pablo dirige la Epístola a hebreos que habían hecho profesión de fe en Cristo; que habían aceptado el evangelio, el pacto de la gracia. Aquellos cristianos hebreos, al convertirse al Evangelio, habían pasado por una tribulación muy grande, y aun estaban afrontando tribulación (Hebreos 1:32-34).

Pablo los veía estancados, no crecían en el conocimiento doctrinal ni en la fe (Hebreos 5:12-14). Los veía con las manos caídas y las rodillas paralizadas (Hebreos 12:12) a causa de los conflictos que les ocasionaba el haber reconocido a Jesús de Nazaret como el Mesías Redentor y la falta de una fe agresiva como la que manifestaron sus compatriotas convertidos en Jerusalén, en los días que mataron a Esteban (Hechos 8:3-4). El Apóstol los veía flaqueando en la fe, y tentados a volverse al judaísmo. Ante tal peligro, Pablo les dice: ¡Cuidado! si se vuelven de Cristo a Moisés, despídanse para siempre del reino de Dios (Hebreos 2:1-3. 6:4-8. Y 10:26-29).

El teólogo Edgar Y. Mullins dice que no hacemos bien si pretendemos quitar a Hebreos 6:4-6 y 10:26-29, el significado que realmente tienen. Y el destacado profesor de biblia B.H. Carroll piensa que algunos de aquellos hebreos a quienes Pablo dirige su Epístola, habían hecho profesión de fe, pero no habían llegado a ser sellados por Dios. Tengamos bien presente que Pablo ve a los cristianos hebreos —a quienes se dirige— bajo una tentación, pero que aun no habían caído. El apóstol les exhorta a prestar más atención a las cosas que han oído; a las enseñanzas de Cristo y los apóstoles (2:1-3), a crecer en el conocimiento de las Sagradas Escrituras (5:12-14), a una vida cristiana activa (12:12) y a seguir el ejemplo de los llamados héroes de la fe que les menciona en el capítulo 11. El Apóstol les anima, diciéndoles que el Señor Jesús fue tentado, y que es poderoso para socorrer a los que son tentados (2:18). La tentación más grande la afrontó Jesús en Getsemaní (Hebreos 5:7-8).

Como un ejemplo del poder de algunas tentaciones, vamos a mencionar la experiencia de un cristiano evangélico, llamado Tomás Crammer, que vivió en la ciudad de Oxford, Inglaterra, en el siglo XVI. A Crammer lo prendió la inquisición inglesa de su tiempo, y lo condenaron a morir en la hoguera. En la prisión se vio asediado por familiares, parientes y amigos, que querían, de todas maneras librarle de la hoguera. Para librarse tenía que retractarse, negar su fe. ¿Qué mal hay, le decían, en que accedas a decir que sí a lo que te piden, aunque por dentro creas otra cosa? ¿Vas a hacernos pasar por el dolor de verte quemándote en vida? Ten compasión de tu familia, y de ti mismo.

Insistieron tanto que al fin, un día, Crammer accedió a firmar una retractación, y la firmó. Era el 21 de marzo de 1556. En el acto de la retractación lo sometieron a una humillación muy grande, y su conciencia le amonestó de tal manera, que en el mismo acto de la retractación, dijo que se arrepentía de lo que acababa de firmar, y que prefería morir antes que vivir como un apóstata. Dice la historia que cuando lo ataron al poste que habían levantado en el centro de la hoguera, Crammer extendió la mano derecha, con la que había firmado la retractación, y la metió en el fuego, diciendo: ¡Quémate mano indigna!

Y repetimos la pregunta:

¿Podrá perder la salvación el que un día fue sellado por Dios?

En la esfera cristiana mundial, conocemos dos escuelas de teología o interpretación bíblica que se sitúan en extremos opuestos. La primera de estas escuelas fue fundada por el francés Juan Calvino, que nació en 1509 y murió en 1564. Su método de interpretación se llama calvinismo.

Calvino interpretó el tema bíblico, llamado predestinación, como un decreto irrevocable de Dios, mediante el cual el Creador ha determinado que unos vengan a la vida predestinados a ser salvos, y otros predestinados a la condenación eterna.

Los que siguen esta línea de interpretación, afirman que es imposible que un cristiano convertido se puede perder. En teoría, el calvinismo anula el libre albedrío.

Nosotros consideramos que la teoría calvinista no está de acuerdo con Dios, ni Dios está de acuerdo con el calvinismo. Rechazamos del modo más radical o tajante la opinión de que Dios ha decretado, desde la eternidad, que unos vengan a la vida en este mundo predestinados a ser salvos, y otros predestinados a ser condenados para siempre. Dios no está de acuerdo con esta teoría, porque

Dios ... "quiere que todos los hombres sean salvos".	I Timoteo 2:4
El Señor ... no quiere que ninguno se pierda.	II Pedro 3:9
Dios envió a su Hijo al mundo ... para que el mundo sea salvo por El.	Juan 3:17
"Dios ... es salvador de todos los hombres".	I Timoteo 4:10
"La gracia de Dios se ha manifestado para salvación a todos los hombres".	Tito 2:11
"Vino ... a todos los hombres la justificación de vida".	Romanos 5:18
Cristo "se dio a sí mismo en rescate por todos".	I Timoteo 2:6
Cristo "vino a buscar y a salvar lo que se había perdido".	Lucas 19:10
"Mirad a mí y sed salvos, todos los términos de la tierra".	Isaías 45:22
Venid todos los sedientos".	Isaías 55:1
"Todo aquel que invocare el nombre del Señor será salvo".	Hechos 2:21
Dice el Señor: "Predicad el evangelio a toda criatura. El que creyere será salvo".	Marcos 16:15-16
Dice Dios: No quiero la muerte (condenación) del impío.	Ezequiel 18:23

El ser humano no se salva por decreto; se puede salvar por la fe en Cristo Jesús. La muerte de Cristo fue imprescindible. Sin ella no habría salvación para nadie. Pero la fe del ser humano también es imprescindible, sin ella nadie se puede salvar.

A los que nos preguntarían: ¿Qué explicación le da usted al término predestinación, que encontramos en algunos pasajes del Nuevo Testamento? Le damos la siguiente: La palabra "predestinación" implica destinación previa, destinación anticipada. Pablo nos dice, en Romanos 8:29, que a *los que antes conoció*, también los predestinó". Y en I de Pedro 1:2, dice el Apóstol: "Elegidos según *la presciencia de Dios*". *El término "presciencia" implica conocimiento previo, anterior.*

¿A quiénes predestinó?, a los que antes conoció. ¿Qué alcance tiene aquí la palabra "conocer"?

Se refiere al conocimiento previo que tuvo Dios de la actitud de las personas al serles predicado el evangelio. Dios, antes de crear a Adán, sabía lo que iba a pasar con Adán, con Eva, y con Caín y Abel.

Yo me convertí en 1929, un día alrededor de las tres de la tarde. Me encontraba solo. Sentía la necesidad del perdón. Sabía que estaba destituido de la gloria de Dios. A mi manera, clamaba a Dios. Y de una forma misteriosa y sobrenatural, el Señor hizo llegar a mis oídos las cuatro expresiones siguientes:

- CRISTO MURIO POR TUS PECADOS.

- TE PERDONA.

- TE SALVA.

- Y TE LLEVA AL CIELO.

Yo creí instantáneamente, y el Señor me perdonó y me salvó. Dios sabía, desde antes de crear al primer hombre, que un día El me iba a dar el mensaje que me dio y que yo iba a creer. Y en este sentido yo estaba predestinado. Predestinado, no por decreto, sino porque Dios sabía que yo iba a responder al mensaje, iba a creer lo que creí el día que eché mano de la salvación que el Señor me ofreció. Al término "predestinación", añádele el término "presciencia de Dios". Conocimiento anticipado.

A la teoría de Calvino se opuso Jacobo Arminio, teólogo holandés, que nació el año 1560 y murió en 1609. Arminio fundó lo que la historia llama "arminianismo". Calvino cargó todo el énfasis en la soberanía de Dios; Arminio cargó el énfasis en la libertad humana. Calvino se fue a un extremo y Arminio se fue al extremo opuesto, aunque reconocemos que Arminio hace más justicia a las enseñanzas del Nuevo Testamento que Calvino.

Un teólogo resume la teoría de Arminio diciendo: "Exalta la libertad humana. El cristiano es libre para continuar en la gracia o apartarse de ella. Puede tener la ayuda de Dios si la desea, pero de todas maneras su destino está en sus manos. Si al fin se pierde, él es el único responsable".

El arminianismo no toma en cuenta una serie de factores relacionados con lo que llamaremos la perseverancia de los sellados por Dios y admite que un convertido se puede perder, porque deja el asunto enteramente en las manos del ser humano.

En la actualidad, algunos enseñan que si un cristiano cae en pecado pierde la salvación. Si se arrepiente y pide perdón a Dios, recupera la salvación. Esto quiere decir, que un cristiano puede ser salvo hoy; puede perder la salvación mañana; y la puede recuperar pasado mañana. No sabemos si los que enseñan esto se consideran arminianos, pero en la práctica lo son. Los que sitúan esa órbita doctrinal o teológica, parece que dan por sentado que todo el que hace profesión, y se bautiza, es salvo. Pero la realidad es otra: hay muchos "cristianos" que han hecho profesión de fe, se han bautizado, son miembros de una iglesia y parece que todavía no tienen el sello divino de la salvación.

Conocimos a miembros de iglesias aferrados a la expresión siguiente: "La salvación no se pierde". Y nosotros estamos de acuerdo en que ellos no podían perder la salvación, porque nunca la tuvieron, y nadie puede perder lo que no tiene. No es cuestión de meras palabras o tesis. La salvación implica un cambio de corazón, un cambio de conducta, un cambio de relaciones, un cambio de vida, una fe viva, una esperanza firme.

Si un cristiano sellado por Dios con la presencia del Espíritu Santo morando permanentemente, llegase a perder la salvación, Dios le dice, por medio de San Pablo, que le sería imposible recuperarla. Pablo indica que el sacrificio de Cristo salva al pecador una vez. Si pierde esa salvación, el volver a salvarse requeriría que Cristo se volviese a sacrificar y esto no va a suceder (Hebreos 6:4-6). El que se crea salvo, cuide su salvación, cuide su relación con Dios, porque, si la pierde, no la recuperará jamás. Ampliaremos esto más adelante.

¿Somos perfectos los que tenemos el sello de la salvación?

No somos perfectos. Mientras estemos en el cuerpo que heredamos de Adán, nadie es perfecto. Algunos se proclaman perfectos, pero el tiempo se encarga de enseñarles que "del dicho al hecho hay un largo trecho". Algunos personajes destacados del Antiguo Testamento, hicieron cosas que Dios no aprobó. Y podemos decir lo mismo de personajes del Nuevo Testamento. Cuando Pedro y Pablo se encontraron en la Iglesia de Antioquía de Siria, Pablo reprendió a Pedro porque éste estaba haciendo algo digno de "condenar" (Gálatas 2:11).

La Primera Epístola del apóstol Juan fue dirigida a cristianos. Lo que les dice, da por sentado que no eran perfectos (1:5 a 2:1). Ahora bien, SI UN VERDADERO HIJO DE DIOS CAE EN PECADO ¿COMO LO TRATA EL PADRE?

Le da la oportunidad de arrepentirse y pedir perdón; y si no lo hace, le somete a disciplina; pero no le quita la salvación. Damos por sentado que el salmista David era salvo cuando cometió uno de los pecados más graves que puede cometer un hijo de Dios. ¿Perdió David la salvación? No la perdió. El Salmo 51 es su plegaria de confesión y arrepentimiento. David pide a Dios que le devuelva el gozo de la salvación (51:12). Esto quiere decir que había perdido el gozo, pero no la salvación, no la condición de hijo.

En I de Juan 2:1, dice el apóstol:

> *"Hijitos míos, estas cosas os escribo para que no pequéis; y si alguno hubiera pecado abogado tenemos para con el Padre, a Jesucristo el justo.*

En Romanos 8:34: Y él es la propiciación por nuestros pecados". Los pasados y los presentes. "La sangre de Cristo nos limpia de todo pecado" (1:7), en el pasado, cuando nos convertimos, y en el presente, si cometemos algún pecado (2:1) y nos arrepentimos.

Si un cristiano a quien el Padre ha puesto el sello que implica salvación, protección, seguridad, y filiación familiar, cae en un pecado, el Espíritu del Señor, manifestándose sobre la conciencia, tratará de guiar al pecador al arrepentimiento y separación del pecado. Reconocemos que la reacción del pecador dependerá de su estado espiritual, de sus relaciones con Dios. Si el culpable no responde a esta manifestación del Espíritu, el Padre apelará a otros métodos disciplinarios. Una vez nos enteramos del caso siguiente: Un matrimonio, miembro de una iglesia, ofendió a otro matrimonio. El pastor intervino en el asunto, pero los ofensores asumieron una actitud poco cristiana. No estaban dispuestos a buscar una solución cristiana al conflicto, y se fueron de la iglesia. Poco después se les enfermó un niño, de los dos que tenían, y se les murió. La madre vio en la muerte del niño la intervención de la vara disciplinadora del Padre celestial. Transcurrido un corto tiempo, se les enfermó el otro niño, y la madre dijo a su esposo: Tenemos que arreglar el conflicto que provocamos en la iglesia; si no lo hacemos inmediatamente, nos vamos a quedar sin hijos.

En relación con lo que venimos exponiendo, el apóstol Pedro dice que estamos en el tiempo cuando la vara disciplinadora del juicio comienza "por la casa de Dios", por la familia de Dios, por los hijos de Dios (I Pedro 4:17). Si un inconverso comete un pecado o vive permanentemente en pecado, puede que Dios no entre en juicio con ese pecador inconverso. Porque ese pecador tiene por delante el SEOL, el juicio final y el infierno eterno. Pero si un hijo de Dios cae en un pecado, y da lugar a que el Padre entre en juicio disciplinador con él, el castigo que Dios estime conveniente aplicarle, tendrá que ser ahora, en esta vida. Porque para los verdaderos hijos de Dios no hay castigo en la vida venidera. Esto nos enseña que Dios no les quita la salvación a sus hijos, los disciplina.

Hebreos 12:5-11, constituye un pasaje muy claro, en relación con lo que estamos diciendo: Dice aquí el Padre: "Hijo mío, no desprecies la disciplina del Señor, ni desmayes cuando eres reprendido por él; porque el Señor al que ama disciplina, y azota a todo el que recibe por hijo (vv. 5 y 6). "Si sois objeto de la disciplina, Dios os trata como a hijos;

porque ¿qué hijo es aquel a quien el padre no disciplina? Pero si se os deja sin disciplina, de la cual todos —los hijos— han sido participantes", entonces se pone de manifiesto que no sois verdaderos hijos de Dios, no sois salvos (Versículos 7-8). Y termina, diciendo: "Es verdad que ninguna disciplina al presente parece ser causa de gozo, sino de tristeza; pero después da fruto apacible de justicia a los que en la disciplina han sido ejercitados.

Hebreos 12:5-11, nos enseña que si un verdadero hijo de Dios —hijo por nuevo nacimiento del alma— cae en algún pecado o conducta pecaminosa, el Padre no le priva de la condición de hijo, sino lo somete a un método disciplinario con el propósito de volverlo al buen camino. ¿Hasta dónde puede llegar la vara disciplinadora del Señor? Puede llegar hasta quitarle la vida al hijo contumaz, desobediente, terco. ¿Con qué propósito puede llegar el Señor a tal extremo? Pablo nos da la respuesta en I Corintios 11:30-32. *"Para que no seamos condenados con el mundo"*. El verdadero hijo de Dios, sellado con el sello de la salvación, no pierde la salvación por cometer un pecado, o caer en el pecado, pero puede perder la vida presente; éste sería su castigo (I Pedro 4:17), "para que no sea condenado con el mundo". Como hijo, sufre las consecuencias de su conducta, y aquí. Dios rompe sus conexión con el pecado, quitándolo del mundo.

Tenemos en nuestra biblioteca un libro, escrito por un pastor que narra la siguiente experiencia: En una ocasión, bautizó a un joven, abogado de profesión. Transcurridos algunos meses, varios miembros de la iglesia dijeron al pastor que el joven abogado estaba asistiendo a bailes. El pastor se entrevistó con el joven y le preguntó si era cierta la información que le habían dado, y el joven dijo que sí. Y replicó: Qué, ¿no puedo asistir a bailes? La cuestión no es si puede o si no puede; es si debe hacerlo o no hacerlo. El joven alegó que no veía nada malo en asistir a bailes, que se sentía en libertad de asistir y que lo seguiría haciendo. El pastor le dijo: Usted puede seguir asistiendo a bailes, pero la iglesia puede separarle de la membresía pues tiene autoridad para esto. Y al fin lo separaron.

Transcurridos algunos meses, el joven en cuestión llamó por teléfono al pastor, y le dijo: Me encuentro en el hospital, y necesito hablar con usted. Cuando vio delante al pastor le dijo: Ahora entiendo que el baile no es un lugar adecuado para un joven cristiano. Usted y la iglesia me llamaron la atención y yo asumí una actitud de rebeldía. Estoy consciente de que me voy a morir, Dios me quita la vida, por mi conducta y mi actitud. Le pido perdón a usted, y pido perdón a la iglesia, y quiero que presente mi caso como un ejemplo de la forma en que trata Dios a sus hijos desobedientes. Yo sé que soy salvo, que mi alma va a la presencia del Señor.

De una manera específica, I Corintios 11:30-32, Hebreos 12:5-11, y I Pedro 4:17, nos enseñan que Dios no priva de la salvación al que un día le puso el sello, y lo aceptó como hijo. Pero si un hijo de Dios llegase a perder la salvación, no la podría recuperar jamás.

Hace un buen número de años, llegó a mi oficina de estudio, un joven, conocido mío, que acababa de salir, graduado, de un instituto bíblico. En la charla que sostuvimos, me dijo que le habían enseñado que la salvación se puede perder, y se puede recuperar. Al decirle nosotros que no estábamos de acuerdo, se fue a su casa y volvió con un pliego de papel lleno de citas bíblicas, que, según él, enseñaban que la salvación se puede perder. Yo le cité el siguiente pasaje: Hebreos 6:4-6, donde dice: "Los que una vez fueron iluminados y gustaron el don celestial, y fueron hechos partícipes del Espíritu Santo, y asimismo gustaron la buena palabra de Dios..."recayeron, es *imposible* que sean otra vez renovados para arrepentimiento, crucificando de nuevo para sí mismo al Hijo de Dios y exponiéndole a vituperio".

Este pasaje dice que si alguien llegase a perder la salvación le sería imposible recuperarla, porque tal recuperación demandaría un nuevo sacrificio de Cristo. Cuando el joven en cuestión se enfrentó con el pasaje que le citamos, guardó su papel, se fue a su casa, y no dijo nada.

Debemos aclarar aquí el aspecto siguiente: Pablo habla de un caso hipotético. No dice que aquellos a quienes dirige la carta habían perdido la salvación. Lo que les advierte es que si afrentan al Espíritu de Gracia, y ofenden al Hijo de Dios, y tienen por inmunda la sangre del Pacto de la Gracia, y se vuelven a Moisés, les espera la condenación eterna y no habrá para ellos otra oportunidad. Debemos manifestar aquí que cuando un hebreo volvía de Cristo a Moisés, el ritual de retractación a que lo sometían implicaba las ofensas que Pablo menciona en su Epístola.

Cuando un cristiano se ha arrepentido, de verdad, de sus pecados, y ha aceptado a Jesucristo como su Salvador y Señor, y ha alcanzado la condición o relación hijo de Dios (Efesios 2:19), la ciudadanía del cielo (Filipenses 3:20), y el sello divino de la Salvación (Efesios 1:13); si no anda como es digno de la vocación a que fue llamado, la vara del juicio disciplinador va a funcionar y puede llegar al extremo de perder la vida", para que no sea condenado con el mundo". (I Corintios 11:30-32. Hebreos 12:5-11. I Pedro 4:17).

El ser miembro de una iglesia no quiere decir que se es salvo, que se posee el sello divino de la salvación. Pablo dijo a los cristianos de la iglesia de Corinto: "Examinaos a vosotros mismos" (II Corintios 13:5). Afirmamos responsablemente que hay miembros en todas las iglesias que no son salvos. Y esto nos preocupa. Las diez vírgenes de la parábola esperaban la venida del Señor; pero cinco no habían nacido de nuevo, no tenían el sello de la salvación.

En este estudio hemos contestado la pregunta siguiente: ¿Cómo podemos saber si Dios nos ha impartido el sello de la salvación? Si usted, estimado lector, no está seguro de poseer el sello, empiece de nuevo la lectura de este tema, pídale a Dios que le ilumine el entendimiento y persevere en la búsqueda de la verdad hasta que se sienta seguro o segura de que ha nacido de nuevo y que posee el sello divino de la salvación. Es la eternidad lo que tiene por delante, y algunos van a recibir una sorpresa como la de las cinco vírgenes que se quedaron fuera (Romanos 8:9. Mateo 25:1-13).

Como regla general nosotros creemos que la salvación no se pierde. Si se pudiera dar el caso excepcional de que uno que ha llegado a ser hijo de Dios por la fe en Cristo, se perdiese, esa sería la excepción y no encontramos base bíblica para tal excepción.

Yo sé que soy salvo, que Dios ha sido extraordinariamente misericordioso conmigo, y que, por la gracia de Dios, estoy llamado a ser un súbdito del REY DE REYES por toda la eternidad.

Algunos dicen que enseñar que la salvación no se pierde equivale a dar una especie de licencia para pecar. No estamos de acuerdo con los que dicen esto. Yo estoy seguro de mi salvación, pero vivo consciente de que sin santidad nadie verá al Señor (Hebreos 12:14). Tengo muy presente que el fundamento de Dios está firme, teniendo este sello: *"conoce el Señor a los que son suyos*; y: *Apártese de iniquidad todo aquel que invoca el nombre de Cristo". (II Timoteo 2:19).*

El Señor me ha llamado a aceptar el Evangelio como la verdad de Dios, y a vivir una vida limpia. Me he visto en trances difíciles, pero el Señor me ha sostenido hasta hoy. Por regla general el cristiano nacido de nuevo y sellado con el Espíritu Santo, es temeroso de Dios, y el Salvador le guarda del maligno (I Juan 5:18).

La vida cristiana victoriosa no depende de que creamos que la salvación se pierde, o de que creamos lo contrario; depende de que el Espíritu sellador del Señor permanezca en nosotros. (II Corintios 3:17).

3

La resurrección de los cuerpos

El patriarca Job formuló, hace cerca de 4000 años, la siguiente pregunta: Si el hombre muriese ¿volverá a vivir? La respuesta a esta pregunta sitúa a los seres humanos en polos opuestos; unos dicen que sí y otros dicen que no.

Los que se sitúan en la esfera del materialismo, y los que se declaran ateos, no creen en la resurrección de los muertos.

Los que creen en la reencarnación de las almas tampoco creen en la resurrección de los cuerpos que han fallecido.

Los que militan en las filas del espiritismo y de sus hermanos de credo, no admiten la resurrección de los cuerpos.

Por regla general, todos los que creemos que la Biblia es la Palabra de Dios, y creemos en el Dios que se revela en las Sagradas Escrituras, respondemos a la pregunta de Job, afirmativamente. Creemos en la resurrección de los muertos, de todos los muertos, de los que murieron afirmándolo y de los que murieron negándolo.

En la literatura religiosa encontramos lo que se llama el Credo de los apóstoles. Este credo constituye un resumen de los aspectos básicos de lo que creyeron y enseñaron los apóstoles. No es en sí una oración. Fue redactado para dar respuesta a los que les preguntaban a los cristianos: ¿Qué creen ustedes? Y entre otras cosas, el cristiano contestaba: "Creo en la resurrección de los muertos".

La resurrección de los cuerpos constituye uno de los aspectos básicos del Evangelio y de nuestra fe y esperanza.

Nos proponemos entrar a tratar el tema de la resurrección de los muertos en una forma amplia, mencionando algunos aspectos relacionados o colaterales con la resurrección.

Explicaremos, en forma abreviada, los aspectos básicos de la composición del ser humano.

Los significados de la palabra muerte y ¿qué pasa con los que mueren?, ¿a dónde van?

Dios dotó al hombre que creó con elementos que implican la vida o existencia eterna. Este propósito del Creador, requiere o implica la resurrección de los muertos.

¿Resucitarán todos los muertos al mismo tiempo?

¿Resucitarán los que no fueron sepultados en tierra?

Tocaremos todos los aspectos mencionados.

1 ¿De qué elementos se compone el ser humano?

A esta interrogación se le dan tres respuestas un poco diferentes: Hay por lo menos, dos organizaciones, emparentadas por su origen, que creen y enseñan que el ser humano es un animal racional, dotado de lo que ellos consideran los dos elementos básicos de la vida: la sangre y el sistema respiratorio. Los miembros de esas organizaciones no creen que el ser humano haya sido dotado por el Creador de un elemento de naturaleza espiritual que no puede dejar de existir cuando muere el cuerpo (Mateo 10:28).

Cuando los creyentes de esta teoría nos oyen decir que cuando se muere un verdadero cristiano, su alma va directamente al cielo, replican diciendo: "Entonces ustedes no creen en la resurrección porque mandan a la persona que ha fallecido para el cielo, y si ya está en el cielo no puede haber resurrección". Respondemos: nosotros decimos que va para el cielo el espíritu de la persona, y que el cuerpo baja a la sepultura. Pero creemos que decimos que ese espíritu que subió al cielo y el cuerpo que bajó a la sepultura se van a volver a unir el día que el Señor de la vida resucite el cuerpo.

Los que enseñan que el ser humano es un animal racional, dicen que todos los muertos van a resucitar y van a ser juzgados; los que resulten aprobados serán dotados de inmortalidad, y los desaprobados, serán quemados como el que quema un montón de leña, y convertidos en cenizas. Esta teoría nos sugiere la pregunta siguiente: ¿Para qué resucitarlos con la única finalidad de convertirlos en cenizas, en unos cuantos minutos?

Hemos presentado la opinión que dan algunos a la pregunta: ¿de qué elementos se compone el ser humano?

Nosotros creemos que el ser humano se compone de dos elementos: cuerpo y espíritu. Alma y cuerpo. Esto es lo que nos enseñan a nosotros las Sagradas Escrituras. En Génesis 2:7, dice: "Formó Dios al hombre del polvo de la tierra y sopló en su nariz aliento de vida", y vino a ser el hombre un ser viviente. No había vida en el elemento corporal, la vida le vino al hombre en el soplo de Dios. El término "soplo" tiene carácter metafórico, y se emplea con el propósito de enseñarnos que el espíritu que animó el cuerpo de Adán procedió directamente de Dios. Esto se corrobora en Lucas 3:38.

Lucas presenta la genealogía de Jesucristo en el capítulo tres de su Evangelio, versículos 23 al 38, e indagando acerca del linaje de la naturaleza humana de Jesús, nos presenta una relación de hijos y padres, hasta llegar a Adán; y de Adán nos dice que tuvo por padre a Dios. ¿Qué es lo que convierte a Dios en padre de Adán? El soplo de vida. En aquel soplo estaban todos los atributos distintivos del ser humano. El hombre que Dios creó se compone de cuerpo y espíritu. El soplo de vida que Dios impartió al hombre constituye en sí un elemento, uno solo. Aquel soplo vivificó el cuerpo formado del polvo. Cuatro mil años después, Santiago, el hermano del Señor, escribió lo siguiente: "el cuerpo sin espíritu está muerto" (2:26). Y agregamos nosotros: pero el espíritu sin cuerpo está vivo; no puede dejar de estarlo.

Esto es lo que creemos la inmensa mayoría de los cristianos en todo el mundo.

Hemos presentado dos respuestas a la pregunta: ¿de qué elementos se compone el ser humano?

Pero se ha originado una tercera: algunos enseñan que el ser humano se compone de tres elementos: cuerpo, alma y espíritu. Convierten el soplo de Dios en dos entes o seres distintos. Hasta donde nosotros sabemos, los que promueven esta teoría nunca han podido presentar una definición satisfactoria de las funciones por separado, del alma y del espíritu. El promotor más destacado de esta teoría menciona la expresión "cuerpo-alma". Si fuese correcto decir "cuerpo-alma", también lo sería decir alma-cuerpo. Pero las palabras de Jesús, en Mateo 10:28, no permiten fusionar el alma con el cuerpo. Dice el Señor: "No temáis a los que matan el cuerpo, pero no pueden matar el alma"

Los que defienden la mencionada teoría dicen que la función principal del espíritu es la de capacitarnos para conocer. La mente forma parte del espíritu —dicen—, y relacionan la voluntad, los afectos, los deseos y las emociones con el alma. ¿Por qué despojan al espíritu de voluntad, afectos y sentimientos? Ni lo entiendo ni lo puedo asimilar. El espíritu tiene todos los atributos del ser humano. Dice el apóstol Pedro que cuando Jesús expiró en la cruz, su espíritu fue y predicó a los espíritus que estaban en el Seol. (I de Pedro 3:18-20). Esto nos dice que el espíritu tenía todos los atributos propios de un predicador, y los que fueron objeto de la predicación, tenían todos los atributos de un oyente. Queremos aclarar aquí que la predicación de Jesús, en la mencionada ocasión, tuvo carácter informativo, no fue una invitación a la salvación.

Nosotros creemos que las palabras alma y espíritu, se refieren a la misma cosa; que se le atribuyen al alma las mismas facultades que son propias del espíritu. No creemos esto porque lo diga un diccionario; pero el Diccionario Larousse, define alma como "soplo, vida", y define espíritu como "soplo". El soplo de vida de parte de Dios convirtió a Adán en "alma viviente". No hay razón para convertir las palabras alma y espíritu en dos entes con funciones diferentes.

Son la misma cosa, a saber, el soplo de Dios. Lo que confunde a algunos es que en I Tesalonicenses 5:23, y Hebreos 4:12, se mencionan espíritu y alma con una "y" en el medio; pero esto constituye lo que en gramática se llama redundancia o repetición. Y vamos a presentar ejemplos esclarecedores.

En Génesis 49:11, dice: "Atando a la vid su pollino y a la cepa el hijo de su asna". Aquí tenemos una doble redundancia: cepa y vid es la misma cosa. Y pollino e hijo de asna también es lo mismo.

En II de Reyes 17:13, encontramos la expresión: "Los profetas y los videntes". Videntes y profetas eran la misma cosa. En el Salmo 98:1, dice: "Su diestra...y su brazo". Brazo y diestra es la misma cosa. Y en Hechos 3:14, dice el apóstol Pedro a la multitud que tenía delante: "Vosotros negasteis al Santo y al Justo". Si el "espíritu y el alma", mencionados en I Tesalonicenses 5:23, tienen que ser dos entes distintos o diferentes, entonces el Justo y el Santo Hechos 3:14, también tendrán que ser dos hombres distintos. Pero no lo son, se trata de uno solo, el Señor Jesucristo. Y sucede lo mismo con la expresión alma y espíritu. En Génesis 35:18, dice que a Raquel se le salió el alma y murió. Y once versículos más adelante, Génesis 35:29, dice que Isaac exhaló el espíritu y murió. Isaac murió porque se le fue el espíritu y Raquel murió porque se le fue el alma. ¿Queremos una evidencia más clara de que alma y espíritu es la misma cosa?

En I Reyes 17:17-22, vemos que el profeta Elías se encuentra ante el cadáver de un niño que había muerto. Y oró a Dios, pidiéndole que volviese el alma de aquel niño a él. El alma volvió y el niño retornó a la vida. En Lucas 8:49 al 56 encontramos un caso parecido o semejante. Jesús tenía delante el cadáver de una niña, hija de Jairo. Tomó la mano de la niña y dijo: levántate. Y dice el versículo 55 que el espíritu de la niña volvió, y el cuerpo revivió. En un caso volvió el espíritu, y en el otro volvió el alma. Y hubo los mismos resultados.

Se ha dicho que la Sagrada Escritura se debe interpretar por ella misma, o sea, que la misma Biblia nos dé la interpretación.

Observemos que la Biblia nos dice cómo debemos interpretar I Tesalonicenses 5:23, Y Hebreos 4:12.

Puede que alguien se pregunte si lo que acabamos de exponer tiene alguna relación con el tema que vamos a desarrollar —la resurrección de los cuerpos—, y respondemos que sí. Vamos a hablar de la muerte, del lugar a donde van los cuerpos sin vida, y del lugar a donde van los espíritus que se van del cuerpo. Nosotros tenemos nuestra interpretación programada desde el punto de vista de que el ser humano se compone de cuerpo y espíritu. No asignamos un lugar para el espíritu y otro para el alma. Por este motivo, los que piensan que el alma y el espíritu son dos entes o seres distintos y con funciones diferentes, podrían pensar que pasamos por alto o que ignoramos este aspecto. Hecha esta aclaración, pasaremos a considerar los

2. Significados de la palabra muerte en la Biblia

La Sagrada Escritura nos enseña que la palabra muerte tiene más de un significado: muerte física, muerte espiritual, y muerte segunda o eterna. La palabra muerte implica siempre una separación; separación entre el espíritu de la persona y Dios; separación del cuerpo y el espíritu de la persona; y separación eterna en cuerpo y alma, a partir del juicio final.

Adán y Eva comenzaron la vida sometidos a un elemento probatorio. El Creador les señaló un árbol, y les dijo: podéis comer de todos los árboles del huerto, menos de éste. Y os advierto, que si me desobedecéis, ese mismo día moriréis. Físicamente, Adán vivió más de novecientos años después de haber incurrido en el pecado de la desobediencia. Pero en el aspecto espiritual, sus relaciones, su conexión con Dios —fuente de la vida—, quedó rota desde el mismo instante de la desobediencia.

Dice la Sagrada Escritura, en Isaías 59:2, que el pecado se levanta como un muro de separación entre el Dios santo y justo, y el ser humano que le desobedece y le ofende. Y la persona desconectada de Dios, es como el radio o el televisor desconectados de la planta de energía eléctrica. Dios es la vida; desconectados de El tenemos vida, pero no tenemos la gracia, la sabia, la virtud, la paz, que la vida requiere para disfrutar de lo que la vida conectada con Dios nos proporciona. Separado de Dios, el ser humano nunca será feliz. Existirá pero no disfrutará de lo que disfruta el alma conectada con Dios. Cuando el ser humano nace, viene a este mundo unido a la madre por el llamado cordón umbilical. Imaginémonos a Adán unido espiritualmente, a Dios por un cordón invisible, el día que cometió su primer pecado, el cordón se rompió, y como resultado, la savia espiritual que el alma de Adán necesitaba para su felicidad dejó de fluir. A partir de aquel instante, Adán entró en una esfera mortal.

En Efesios 2:1-5, Pablo dice a los miembros de la iglesia de Efeso que cuando el Evangelio de Cristo llegó a ellos los encontró muertos, muertos a causa de sus "delitos y pecados".

A fines de siglo I, el mismo Señor dirigió una carta, por medio del apóstol Juan, a la iglesia de Sardis, en Asia Menor, y le dijo: Yo conozco tus obras, y veo que tienes nombre que vives, pero estás muerta.

Cuando el llamado hijo pródigo volvió arrepentido a la casa del padre, el Señor Jesús pone en boca del padre la siguiente expresión: "Este mi hijo muerto era, y ha revivido; se había perdido, y es hallado". Dicho en otras palabras, aquel hijo había roto sus relaciones con el padre pero recapacitó, se arrepintió, volvió, y se restableció la conexión. (Lucas 15:24). En la I Epístola de Juan 3:14, dice el apóstol: "Nosotros sabemos que hemos pasado de muerte a vida".

En Mateo 8:21 y 22, dice que un hombre, que suponemos fuese joven, dijo a Jesús: Señor, yo me he propuesto seguirte, pero permíteme regresar a mi casa y permanecer en ella hasta que mi padre muera y le demos sepultura. Y Jesús le dijo: Sígueme ahora, y deja que los muertos entierren a sus muertos. En este pasaje, Jesús habla de dos clases de muerte: la espiritual y la física. Uno que tenga el alma muerta, por desconexión con Dios, puede dar sepultura a uno que se haya muerto físicamente, que su espíritu se haya separado de su cuerpo.

Un poeta interpretó bien la enseñanza bíblica cuando dijo:

No son muertos los que en dulce calma
La paz disfrutan de la tumba fría;
Muertos son los que tienen muerta el alma
Y viven todavía.

Y en Apocalipsis 2:11, 20:6, 14, 21:8, el Señor Jesucristo habla de la muerte segunda. Esta muerte está relacionada con el juicio final, cuando el supremo Juez, determinará el destino o confinamiento eterno de todos los que a su paso por esta vida han despreciado la misericordia de Dios, no se han preocupado de su destino eterno, y no quisieron echar mano del perdón y la salvación que Jesucristo les ofreció cuando estuvieron en la esfera de la oportunidad.

El Salvador lloró un día sobre Jerusalén, y dijo: ¡Jerusalén, Jerusalén, que matas a los profetas y apedreas a los mensajeros que te son enviados! ¡Cuántas veces quise juntar a tus hijos, como la gallina junta sus polluelos debajo de sus alas, y tú no quisiste!

Tengamos presente que la palabra muerte se menciona en la Biblia en tres sentidos: muerte espiritual, muerte física y muerte eterna, y en todos significa separación; separación o desconexión entre el espíritu humano y su fuente de procedencia, Dios. Separación entre el espíritu y el cuerpo, cuando sobreviene la muerte física y separación eterna cuando la etapa presente de la vida humana haya llegado a su final, y el supremo Juez ejecute lo que está escrito en la Epístola de Pablo a los Romanos, capítulo 2, versículos 1 al 16.

3. ¿Adónde fueron los que murieron desde Abel hasta hoy?

El teólogo católico español Fray Antonio Royo Marín escribió un libro que lleva por título: TEOLOGIA DE LA SALVACION. En la página 21, dice lo siguiente: "No hay término medio entre salvarse o condenarse, entre ir al cielo o al infierno para toda la eternidad. Nadie muere más que una sola vez, y en esa única ocasión se decidirá su suerte eterna"

Esta es una declaración muy clara, verdadera y trascendental. Nos enfrenta a una realidad insoslayable, inevitable, y esto debiera hacer pensar a todo el que se encuentra en la senda de la oportunidad y avanzando a paso firme hacia la meta final de la vida presente y los umbrales de eternidad.

Dice Royo Marín que a la hora de la muerte se decide para siempre el destino eterno de todos y cada uno de los seres humanos. A la hora de la muerte partimos salvos o no salvos, no hay término medio, dice el citado teólogo católico. Debieran pensar en esto los que se preocupan por el destino eterno de sus seres queridos, después que han muerto, cuando ya no hay remedio, cuando nadie puede cambiar el destino de los que han partido de este mundo, de la esfera de la oportunidad.

El ladrón que se arrepintió en la cruz partió de allí al paraíso; y su compañero de fechorías que no se arrepintió mientras estuvo en el camino de la oportunidad, partió de su cruz a un lugar que en hebreos se llama el SEOL y en griego HADES, y su alma se encuentra allí, esperando la resurrección del cuerpo y la comparecencia al juicio final. Los cuerpos de cada uno de los dos ladrones fueron al lugar que los hebreos llamaban Queber. Y mencionamos a los dos ladrones, como ejemplo y personificación de todos los que se mueren, porque todos mueren como aquellos dos: unos arrepentidos, perdonados y salvos; y otros sin arrepentimiento, sin perdón y sin salvación.

Antes de la muerte, resurrección y ascensión de Jesucristo, los espíritus de todos los que se morían iban al SEOL. Pero allí no se encontraban todos en el mismo estado. El Seol era un lugar dividido en dos compartimientos, uno para los que morían perdonados y en armonía con Dios, y el otro para los que morían en conflicto con Dios y con su Ley. A la sección de los perdonados y salvos, Jesús le llamó, en Lucas 16:22, "seno de Abraham"; y en Lucas 23:43, le llamó "Paraíso". Ambos nombres se refieren al mismo lugar y estado.

Jesús murió en la cruz por los pecados de todos los seres humanos. Allí pagó el precio de la salvación, aun de los que se encontraban en el llamado seno de Abraham. Desde el mismo huerto de Edén, Dios enseñó a los pecadores que se podían salvar de las consecuencias de sus culpas ofreciéndole un cordero en sacrificio por sus pecados. Los que hicieron lo que Dios les dijo, morían perdonados; pero aquel perdón era como un cheque que se extiende para hacerlo efectivo en un Banco. El valor salvador de los corderos que murieron durante 4.000 años, en lugar de los pecadores, se hizo efectivo el día que Jesucristo murió en la cruz tomando el lugar de toda la descendencia de Adán.

Se nos dice, en Gálatas 4:4 y 5, que "cuando vino el cumplimiento del tiempo, Dios envió a su Hijo, nacido de mujer... para que redimiese a los que estaban bajo la maldición de la ley violada (Gálatas 3:10 y 13), a fin de que recibiésemos la adopción de hijos", hijos de Dios. Cuando Juan el Bautista se presentó en las inmediaciones del Jordán, en funciones de precursor del Mesías, Jesús de Nazaret fue a su encuentro, y cuando Juan lo vio llegar dijo a los que estaban allí: "He aquí el Cordero de Dios, que quita el pecado del mundo". Esta es una expresión que tiene un alcance extraordinario. Jesucristo es el único Cordero cuyo sacrificio tiene valor real para perdonar y salvar a todo ser humano que le reconozca como Salvador. Su sacrificio fue el que valorizó los sacrificios de corderos ofrecidos por los pecadores, antes que Él viniese y muriese en la cruz por nuestros pecados.

Cuando Jesucristo murió, su espíritu fue al Seol, y permaneció allí el tiempo que su cuerpo estuvo sepultado. Cuando resucitó y subió al cielo, creemos que se llevó con Él las almas que se encontraban en la sección del Seol, llamada seno de Abraham (Efesios 4:8-10). Aquella sección quedó vacía. Pero la otra sección permaneció y permanece ocupada. Las almas de los que se mueren sin haberse reconciliado con Dios, van al Seol; allí permanecen conscientes, recuerdan lo que dejaron atrás, y se dan cuenta de que las puertas del cielo nunca se abrirán para ellos. Su perspectiva futura es la resurrección de sus cuerpos, la comparecencia ante el tribunal de Dios, y el ser sentenciados a un destierro o confinamiento eterno, muy lejos de Dios y del reino de Jesucristo y sus santos.

Desde la muerte, resurrección y ascensión de Jesucristo, los que se mueren habiendo experimentado la reconciliación con Dios, y el nuevo nacimiento del alma; al morir, sus cuerpos bajan a la sepultura, y sus espíritus van directamente a la presencia del Señor en el cielo. Esto no lo creen los que enseñan que el ser humano es un animal racional, desprovisto de un espíritu que nunca dejará de existir; pero esto es lo que nos enseña el Nuevo Testamento.

Cuando la turba anticristiana se disponía a matar a Esteban, el primer mártir del cristianismo, éste vio los cielos abiertos, y a Jesucristo que estaba a la diestra de Dios el Padre (Hechos 7:55). ¿Qué propósito tuvo aquella visión? Animar, fortalecer, y decir a Esteban: te estoy esperando. Toda la legión de mártires que a través de los siglos han sido sometidos a despiadados tormentos, echados a las fieras, decapitados y quemados vivos, se han visto confortados por la gracia de Dios, la presencia en ellos del Espíritu del Señor, y la fe y esperanza cierta, de que la muerte solo conseguiría abrirles las puertas que dan entrada a la presencia del Señor.

En la Segunda Epístola a los Corintios capítulo 5, versículos 1 al 8, Pablo compara nuestro cuerpo con una morada o tabernáculo. Este concepto centra íntegramente la personalidad, todos los atributos del ser humano, en su espíritu. Y dice, que mientras habitamos en el cuerpo, estamos ausentes del Señor; pero cuando nos ausentamos del cuerpo, vamos a la presencia del Señor. Y en Filipenses 1:21 al 23, dice el apóstol: Si me dieran a escoger entre continuar viviendo en el cuerpo que tengo ahora o irme del cuerpo, les digo que "deseo partir —del cuerpo— y estar con Cristo, lo cual es mucho mejor". ¿Quién puede leer esto sin entender que nos componemos de cuerpo y espíritu, que los atributos personales, la noción del YO, son inherentes al espíritu; que la muerte determina una separación temporal entre el espíritu y el cuerpo, y que el espíritu de los verdaderos creyentes, al morir el cuerpo, va a la presencia de su Señor? En Hebreos 12:23, Pablo nos habla de "los espíritus de los justos hechos perfectos". Nosotros entendemos y creemos que los términos "espíritus" y "perfectos", nos dicen que esos espíritus estaban separados del cuerpo y en la presencia del Señor en el cielo.

Para Pablo no había dudas, partir del cuerpo implicaba ir a la presencia del Señor. Y tengamos en cuenta que Pablo era un apóstol que escribía bajo inspiración divina. En el presente hay algunos que no tienen la esperanza, ni el discernimiento que Pablo tenía, se consideran a sí mismos cuerpos sin espíritu; y el que no cree que tenemos espíritu hace causa común con los saduceos del tiempo de Cristo, que no creían en la existencia del espíritu (Hecho 23:8) y el Señor les dijo que estaban equivocados (Mateo 22:23 -29).

En relación con los cuerpos, muertos, de aquellos cuyos espíritus están en el cielo, el apóstol Pablo menciona una palabra muy significativa, dice que "duermen" .

La palabra cementerio viene de una palabra del idioma griego que significa dormitorio. La Enciclopedia SOPENA define la palabra cementerio como un lecho —o cama— que brinda reposo. Esto nos resulta muy interesante. El alma de los que mueren en la fe de Cristo y reconciliados con Dios, disfruta del gozo y el bienestar que le proporciona el verse en la casa de su Padre adoptivo, en el cielo. Y, con carácter temporal, los cuerpos de esas almas duermen en el cementerio.

Cuando tenemos sueño nos acostamos en un lecho para brindar descanso al cuerpo. Cuando el cuerpo se cansa de las faenas de la vida presente, y dice: hasta aquí, se toma un descanso más o menos prolongado, pero temporal. San Pablo compara la muerte del cuerpo de los justos con un sueño. El cuerpo de Abel, el primer creyente en Dios que murió por su fe y en su fe, lleva cerca de 6.000 años en su dormitorio. El cuerpo de los justos que se mueren en la actualidad, creemos que va a estar muy poco tiempo en su dormitorio. La voz de trompeta del Señor, mencionada en Primera de Tesalonicenses 4:16, lo va a despertar pronto.

Y en relación con este aspecto, vamos a mencionar los siguientes pasajes de la Escritura en los que se compara la muerte con un sueño.

I Cor. 11:30.	"Muchos duermen".	Han muerto.
I Cor. 15:6.	"Otros duermen".	Ya han muerto.
1 Cor. 15:18.	"Los que durmieron".	Los que murieron.
1 Cor. 15:20.	"Los que durmieron".	Los que murieron.
1 Cor. 15:51.	"No todos dormiremos".	No todos moriremos.
I Tes. 4:13.	"Los que durmieron".	Los que murieron.
1 Tes. 4:14.	"Los que durmieron".	Los que murieron.
1 Tes. 4:15.	"Los que durmieron".	Los que murieron.
II Pedro 3:4.	"Desde el día que los padres durmieron".	Que murieron.

Pablo nos dice, en I Tesalonicenses 4:13. "No queremos hermanos, que ignoréis acerca de los que duermen, para que no os entristezcáis como los otros que no tienen esperanza".

Algunos se enfrentan a la realidad de la muerte con la esperanza de la resurrección. Y si los familiares tienen la misma esperanza, entienden que la separación es temporal; que el que falleció volverá a la vida y resucitará con un cuerpo inmortal. Pero otros se enfrentan al trance de la muerte sin esperanza. Creen que la muerte es el final; que allí se acabó la vida para siempre. ¡Qué triste! despiden al ser querido sin esperanza.

Y después de todo lo que hemos expuesto, puede que alguno se pregunte:

4. Realmente ¿resucitarán los cuerpos que han muerto?

Unos decimos que sí, y otros dicen que no. Depende de la noción que tengamos de la existencia de Dios, del conocimiento que tengamos de las Sagradas Escrituras, y de la fe o confianza en su veracidad.

El que creó a los ángeles, al ser humano, y a todo lo que existe en el universo, puede volver a la vida los cuerpos de todos los seres humanos que han bajado a la sepultura. Sabemos que algunos que creen en Dios, vacilan cuando piensan en los millones que han muerto desde hace cerca de 6.000 años hasta el presente. Para resucitar a los muertos hace falta el mismo poder y propósito que se puso de manifiesto en la creación de todo lo que existe en el universo. Dios creó el mundo y todo lo que en él existe, de la nada. Si Dios quiere levantar o volver a la vida a todos los cuerpos de seres humanos que han bajado a la sepultura, lo puede hacer tan sólo con desearlo y determinar que se haga; y lo va a hacer sin que haya nada que se pueda oponer. Ahora bien, para los que no creen en Dios, la resurrección de los cuerpos resulta imposible.

La resurrección de los cuerpos está implícita en el propósito de Dios al crear al padre o tronco de la raza humana. En relación con todas las especies del reino animal, el Creador dijo: "Produzca la tierra seres vivientes según su género". Pero cuando se dispuso a crear al hombre, dijo: "Hagamos al hombre a nuestra imagen, conforme a nuestra semejanza". La palabra "imagen", en este caso, se relaciona con la espiritualidad de nuestro ser, y la "semejanza", con los atributos con que dotó al ser humano. Dios es el único ser eterno, Todopoderoso, infinitamente sabio y por consiguiente libre. Dios dotó al ser humano de sus propios atributos, pero en sentido limitado o finito. Entre estos atributos está el de la vida eterna, mirando al futuro.

Si Adán no hubiera incurrido en pecado, estaría vivo hoy tal como fue creado, en cuerpo y espíritu. San Pablo nos dice que la muerte entró en el mundo a causa del pecado del primer hombre. Sobre la acción pecaminosa de Adán, el Creador dictó sentencia, diciendo: "Maldita será la tierra por tu causa". Esta maldición afectó a la especie humana, al reino animal, y a todo lo que en este mundo se relaciona con el ser humano, incluyendo los fenómenos atmosféricos.

Jesucristo entró en la esfera de su ministerio terrenal, proclamándose el Cordero de Dios que quita el pecado del mundo, que quita la maldición que vino sobre Adán y su descendencia. No estamos inventando o suponiendo, estamos interpretando lo que está revelado en la Sagrada Escritura. En Mateo 19:28, Jesús habla de la regeneración, la regeneración del mundo. En Hechos 3:21, dice el apóstol Pedro que es "necesario" que Cristo permanezca donde se encuentra ahora, en el cielo, "hasta los tiempos de *la resurrección de todas las cosas";* y agrega, que Dios habló de esta restauración por boca de sus santos profetas. En Isaías 65:17, nos dice el Altísimo, por boca del profeta: "He aquí que yo crearé nuevos cielos y nueva tierra; y de lo primero no habrá memoria". Y al apóstol Juan le fue mostrada la visión de un mundo regenerado, del cual se podrá decir que constituye un mundo nuevo, nuevos cielos y nueva tierra. Apocalipsis 21:1. Basado en la palabra "restauración", que citamos de Hechos 3:21, yo espero ver este mundo convertido en un paraíso, en una regeneración que mejorará a aquel mundo en que el Creador situó a nuestros primeros padres.

¿Qué queremos decir con todo esto? Que Dios dotó al hombre de existencia eterna. Y este plan mantiene su vigencia, y para que este plan se convierta en realidad, los cuerpos que han descendido a la sepultura, no se pueden quedar allí para siempre. El que dijo un día: "Yo soy la resurrección y la vida", dijo también: Vendrá hora cuando todos los que están en los sepulcros oirán mi voz; y los que hicieron lo bueno saldrán a resurrección de vida; pero los que hicieron lo malo, a resurrección de condenación. En este mundo los grandes privilegios implican grandes responsabilidades. Los que van a resucitar para condenación les sería mejor no resucitar. Pero fueron creados a imagen y semejanza de Dios, fueron dotados de libertad, de inteligencia, del don de la razón, de sentido común, de conciencia, de existencia eterna, y tienen que existir eternamente. Si han hecho mal uso de los dones o facultades con que los dotó el Creador, y ellos, por su propia voluntad han seguido un camino que los ha alejado de Dios y de su reino, ¿quién tiene la culpa?

Si lo que hemos expuesto se ajusta fielmente a los propósitos de Dios, la resurrección de los muertos no sólo es posible sino que es necesariamente imprescindible, inevitable. Para los que crean lo que hemos dicho, no será necesario presentar evidencias de la resurrección, pero las vamos a presentar para los que las necesitan. Para todo el que ha observado una conducta agradable a Dios, la resurrección forma parte de la gran esperanza de su vida, y creen en ella sin sombra de dudas. A la generación que vivió antes del diluvio, Dios le ha dado una gran evidencia de que hay vida más allá de la esfera presente. A los 1.007 años de la creación de Adán, 649 antes del diluvio, Dios se llevó de este mundo a un hombre llamado Enoc. Y este acontecimiento lo supieron los contemporáneos de Enoc. ¿Se imaginan el impacto social de aquel fenómeno, y el mensaje que tuvo para aquella generación?

El patriarca Job, fue un descendiente de Noé pero no de Abraham. Por lo tanto diremos que era lo que en el Antiguo Testamento se llama gentil. Creemos que cuando él vivió todavía no se había escrito los primeros libros de la Biblia. Pero sabemos que Job creía en la resurrección. En el capítulo 19 del libro que lleva su nombre, versículos 25 y 26, Job proclamó su fe, diciendo:

"Yo sé que mi Redentor vive, y al fin se levantará sobre el polvo; y después de deshecha esta mi piel, en mi carne he de ver a Dios".

Esta declaración de fe y esperanza ha servido de inspiración a través de los siglos.

Abraham vivió antes de Moisés y de los profetas, y creía en la resurrección y en la vida futura. Se dice de él que habitó en tiendas o carpas, que se movía de un lugar a otro. Pero vivió con la esperanza de que un día estaría en una ciudad con fundamentos firmes y permanentes, cuyo arquitecto es Dios (Hebreos 11:8-10).

Moisés fue adoptado por la hija del rey Faraón. Creció en el palacio real, era considerado como el príncipe de más cultura de Egipto. Un día fue llamado por Dios a desempeñar la función de ponerse al frente del pueblo de Israel, y ser su libertador y guía. Y renunció a las riquezas, las comodidades, los placeres y los honores que le proporcionaba la corte del rey Faraón. ¿Qué le estimuló o motivó a tomar tan importante decisión? El conocimiento, la fe y la esperanza de una vida futura en la que Dios recompensará abundantemente a los que en la vida presente le sirven con fidelidad. Moisés creía en la resurrección.

Salomón nos dice en Proverbios 14:32, que cuando al justo le llega la muerte, "tiene esperanza".

Y el profeta Isaías, dijo al pueblo de Israel: "Tus muertos vivirán; sus cadáveres resucitarán. ¡Despertad y cantad, moradores del polvo! ... porque la tierra dará sus muertos" (Isaías 26:19).

El profeta Elías, que vivió alrededor de 850 años antes de Cristo, resucitó a un niño que había muerto (I de Reyes 17:17-24).

Que en los tiempos de Jesús de Nazaret, la resurrección de los muertos era una creencia popular nos lo dicen los pasajes siguientes: En Marcos 6:14, dice: "Oyó el rey Herodes la fama de Jesús... y dijo: Ese es Juan el Bautista que ha resucitado de los muertos". Y otros le decían: no es Juan, es Elías". El Herodes mencionado en este pasaje del Evangelio de Marcos, era hijo del llamado Herodes el grande, que intentó matar al niño Jesús. Pero imagínense qué clase de hombre era aquel Herodes, que mandó a decapitar a Juan el Bautista. Sin embargo creía en la resurrección de los muertos.

Cuando murió Lázaro de Betania, Jesús le dijo a su hermana Marta: tu hermano resucitará. Y Marta contestó: "yo sé que resucitará en la resurrección en el día postrero". Los pasajes que hemos citado demuestran que la fe y esperanza de la resurrección de los muertos fue siempre un conocimiento del pueblo. La respuesta de Marta demuestra que creían en una resurrección general "el día postrero", al final del gobierno del hombre sobre este mundo, para dar paso al reino eterno de nuestro Señor.

Para nosotros, la piedra angular de la enseñanza y la esperanza de la resurrección la constituye la resurrección de Cristo. San Pablo dice, en la Primera Epístola a los Corintios, capítulo 15, lo siguiente: Os hemos enseñado que Cristo murió por nuestros pecados, que fue sepultado, y que resucitó al tercer día, como estaba profetizado (Salmo 16:8-10), y que apareció a Pedro, y después a los doce apóstoles. Después apareció a más de quinientos hermanos a la vez, de los cuales muchos viven, y otros ya duermen. Después apareció a Jacobo. Y por último me apareció a mí. (15:3-8).

Y, a algunos miembros de la iglesia que procedían del paganismo y dudaban de la resurrección, Pablo les dice: Si creemos que Cristo murió y resucitó, entonces no debemos dudar que la resurrección es una realidad. Ahora bien, si alguno dice que no hay resurrección de muertos, entonces estará negando la resurrección de Cristo. Pero como tenemos un cúmulo tan grande de evidencias que demuestran que Cristo resucitó, no se puede negar que hay resurrección de muertos, y que el Señor se propone volver a la vida a todos los cuerpos que han muerto y permanecen en sus respectivas sepulturas.

Jesucristo, a su paso por este mundo, resucitó muertos (Mateo 11:5). La resurrección de Lázaro de Betania fue el milagro de mayor impacto en la nación, superado únicamente por el milagro de su propia resurrección.

En Mateo 16:21, dice: "Desde entonces comenzó Jesús a declarar a sus discípulos que le era necesario ir a Jerusalén y padecer mucho de los ancianos, de los principales sacerdotes y de los escribas; y ser muerto, y resucitar al tercer día". Este anuncio aparece doce veces en los evangelios de Mateo, Marcos y Lucas. Dijo reiteradamente que iba a resucitar al tercer día.

Después que Jesús murió en la cruz, y lo sepultaron; se reunieron los principales sacerdotes y los fariseos, y fueron a entrevistarse con el gobernador, Poncio Pilato, y le dijeron:

Nos acordamos que Jesús dijo, antes de morir, que resucitaría al tercer día. Ordena que se asegure el sepulcro hasta que pase el tercer día, no sea que vengan sus discípulos de noche, y se lleven el cadáver y digan al pueblo que resucitó. Y Pilato les dijo: Os concedo una guardia militar; id y asegurad el sepulcro como sabéis. Entonces ellos fueron y aseguraron el sepulcro, sellando la piedra y situando la guardia. (Mateo 27:62-66).

Y al tercer día, al amanecer, descendió del cielo un ángel, y produjo un gran terremoto, removió la piedra que tapaba el sepulcro y se sentó sobre ella. La sacudida de la tierra y la presencia del ángel del Señor vestido de blanco, llenó de terror y espanto a los soldados de la guardia; y cuando reaccionaron, fueron a la ciudad y dieron la noticia a los principales sacerdotes.

A causa de las medidas que tomaron los adversarios, los primeros y más importantes testigos de la resurrección de Cristo fueron los soldados romanos que custodiaban el sepulcro. A causa de este acontecimiento, los adversarios del resucitado nunca negaron la resurrección. Se vieron derrotados por la manifestación del Cielo.

El centurión romano a quien encomendaron la misión de complementar la sentencia de muerte dictada contra Jesús, que le acompañó desde el pretorio hasta el Calvario, y que permaneció en el Calvario hasta que Jesús murió. Después de haber presenciado el comportamiento de Jesús, las tres horas de densas tinieblas que cubrieron toda la tierra de doce a tres de la tarde, y el fuerte terremoto que rompió las rocas del Calvario en el instante que Jesús expiró, dijo: "Verdaderamente este hombre era el Hijo de Dios".

El día que Jesús resucitó, los discípulos acuñaron un grito de victoria que ha recorrido el mundo. El grito era: ¡Ha resucitado el Señor! Las autoridades de Jerusalén no negaron la resurrección; apelaron a todos los recursos para silenciar aquel grito de victoria, pero no pudieron lograr lo que pretendían. No había fuerza humana que pudiese silenciar a los testigos de la resurrección; ni la intimidación, ni las amenazas, ni las prisiones, ni los leones, ni el fuego, ni todo el inmenso poder del Imperio Romano.

El cristianismo es la única religión en el mundo que puede presentar el sepulcro vacío que dejó su Fundador al levantarse victorioso de la muerte y el sepulcro, y, ascender al cielo, de donde había venido para dar su vida y hacer posible la salvación de los pecados, de todo el género humano.

Jesucristo resucitó y ha prometido dejar vacías todas las sepulturas que se han abierto en este mundo, desde el día que murió Abel. Esta promesa está escrita, ¿podemos confiar en ella? Yo creo en la existencia real de un Dios que ha creado de la nada los cielos y la tierra. Y creo en un Salvador que, después de su muerte y resurrección, dijo: Todo poder me es dado en el cielo y en la tierra. Por lo tanto creo todo lo que mi Salvador y Señor me promete. En este aspecto no tengo lugar en mi mente y corazón para la duda.

Y en relación con el asombroso evento que esperamos, formulamos la siguiente interrogación:

5. ¿Resucitarán al mismo tiempo todos los cuerpos que han muerto?

En Daniel 12:2, dice:

"Muchos de los que duermen en el polvo de la tierra serán despertados, unos para vida eterna, y otros para vergüenza y confusión perpetua.

Y en Juan 5:28 y 29, dice el Señor:

Vendrá hora cuando todos los que están en los sepulcros oirán mi voz; y los que hicieron lo bueno, saldrán a resurrección de vida; pero los que hicieron lo malo, a resurrección de condenación.

En Hechos 24:15, el apóstol Pablo dijo ante el gobernador Félix, que él tenía esperanza en Dios que ha de haber resurrección de los muertos, así de justos como de injustos.

Los tres pasajes que hemos citado nos hablan de la resurrección de todos los muertos, justos e injustos. Si no tuviésemos en la Biblia más pasajes que estos tres, tendríamos que llegar a la conclusión de que todos los muertos van a resucitar al mismo tiempo. Pero no será así. La resurrección estará sujeta a un orden, a una escala, como veremos a continuación.

En Lucas 14:14, el Señor Jesucristo menciona "la resurrección de los justos". Dice el comentarista J.C. Ryle, que esta declaración es notable:

Hay una resurrección en que sólo los justos participarán, una resurrección que será ... de los justos, y que precederá a la de los malos.

El Comentario Bíblico de la editorial Moody, dice lo siguiente: El lenguaje que Jesús emplea aquí Lucas 14:14 apoya la idea de que hay dos resurrecciones: una de justos y otra de los impíos. Este concepto resulta apoyado por otros pasajes bíblicos.

En Lucas 20:35, encontramos la siguiente expresión: "la resurrección *de entre* los muertos". Una resurrección en la que unos vuelven a la vida y otros quedan en sus sepulturas. El apóstol Pablo, en Filipenses 3:11, menciona también "la resurrección *de entre* los muertos".

Primera de Corintios 15:22-24, es el pasaje que expone el orden en que se va a llevar a cabo la resurrección de los muertos. Dice San Pablo en este pasaje: "Porque así como en Adán todos mueren, también en Cristo todos serán vivificados. Pero *cada uno en su debido orden:* Cristo las primicias; luego los que son de Cristo, en su venida. Luego el fin", el fin de la resurrección. Aquí se mencionan tres etapas:

1. La primera corresponde solamente a Cristo, de quien se nos dice en Colosenses 1:18 "que es el primogénito *de entre los muertos*" Y en Apocalipsis 1:5, dice que Jesucristo es "el testigo fiel, el primogénito de los muertos". Sesenta y cinco años después de su resurrección y ascensión al cielo, Jesucristo se presentó en la Isla de Patmos a su amado discípulo Juan, diciendo: "Yo soy el que estuve muerto, mas he aquí que vivo por los siglos de los siglos". Jesús, como Hijo del Hombre, es el primer ser humano que resucitó para nunca más morir.

2. La segunda etapa de la resurrección corresponde a "los que son de Cristo". Estos resucitarán en la segunda venida de Cristo. Esta segunda venida tiene dos fases: primero vendrá para arrebatar su iglesia. En esta ocasión no se hará visible a la población del mundo. Transcurridos siete años, el Señor vendrá con su iglesia y establecerá su reino milenial en este mundo. En esta ocasión "todo ojo le verá", dice Apocalipsis 1:7.

La relación con la resurrección que tendrá lugar cuando Cristo venga nos dice Pablo, en la Primera Epístola a los Tesalonicenses, 4:14 al 17, lo siguiente:

"Si creemos que Jesús murió y resucitó, así también, traerá Dios con Jesús a los que durmieron en él. Por lo cual os decimos esto en palabra del Señor: que nosotros que vivimos, que habremos quedado hasta la venida del Señor, no precederemos a los que durmieron. Porque el Señor mismo con voz de arcángel y con trompeta de Dios, descenderá del cielo; y los muertos en Cristo resucitarán primero. Luego nosotros, los que estemos vivos aquel día, seremos arrebatados juntamente con ellos en las nubes para recibir al Señor en el aire, y así estaremos siempre con el Señor".

Para los que no están familiarizados con el pasaje bíblico que acabamos de leer, diremos: Pablo dice que el día del arrebatamiento de la iglesia resucitarán todos los que han muerto perdonados y reconciliados con Dios. Las almas de aquellos muertos están actualmente en el cielo, como ya hemos dicho, pero en el instante de la resurrección, los cuerpos se levantarán de sus tumbas, y las almas bajarán instantáneamente del cielo y se unirán a sus respectivos cuerpos resucitados. Al mismo tiempo, todos los miembros de las iglesias, y algunos que posiblemente no sean miembros de ninguna iglesia, que tengan el sello divino de la salvación (Efesios 1:13) serán transformados instantáneamente. San Pablo se refiere a este aspecto en Primera Corintios 15:51 al 53, donde nos dice: "He aquí os digo un misterio: No todos dormiremos; pero todos (los convertidos) seremos transformados, en un momento, en un abrir y cerrar de ojos, a la final trompeta; porque será tocada la trompeta, y los muertos serán resucitados incorruptibles, y nosotros —los convertidos que estemos vivos aquel día— seremos transformados. Porque es necesario que esto corruptible se vista de incorrupción, y esto mortal se vista de inmortalidad". El día del arrebatamiento van a resucitar Abel, Noé, Abraham, Daniel, María, Priscila, Pablo, Pedro, Juan, y todos los demás que hayan experimentado el nuevo nacimiento del alma. Y todos los creyentes vivos, que tengamos el sello divino de la salvación, seguiremos a los que hayan resucitado.

Después del arrebatamiento de la iglesia, tendrá lugar en este mundo lo que Daniel y Jesucristo llaman la gran tribulación. En aquel corto período de tiempo habrá muchas conversiones y muchos mártires.

Al venir Cristo con su iglesia, compuesta por todos los justos, desde Abel, establecerá, como dijimos, su reino milenial. Y está escrito que reinaremos con Cristo en este mundo regenerado, transformado. Y nos preguntamos: ¿Qué va a pasar con los que se conviertan y sufran el martirio en los días del anticristo? De lo que dice el Señor en Apocalipsis 20:4, deducimos que serán resucitados e incorporados a la iglesia como el rebusco de la gran cosecha. La primera resurrección se va a completar con los mártires de la gran tribulación.

6. ¿Cómo será el cuerpo que vamos a tener después de la resurrección?

El apóstol Pablo se formula esta pregunta en I Corintios 15:35. "Cómo resucitarán los muertos? ¿Con qué cuerpo vendrán?" Pablo responde a esta pregunta en I Corintios 15:40-50. Es una respuesta larga y un poco complicada. Hay cristianos que no entienden bien lo que dice Pablo en este pasaje. Veamos las siguientes expresiones que aparecen en el mencionado pasaje:

Dice Pablo: "Hay cuerpos celestiales, y cuerpos terrenales".

"Hay cuerpo animal y hay cuerpo espiritual".

"El primer hombre —Adán— fue hecho alma viviente; el postrer Adán —Jesucristo— espíritu vivificante". Espíritu que imparte vida. "El primer hombre es de la tierra, terrenal; el segundo hombre, que es el Señor, es del cielo".

"Cual el terrenal —Adán— tales también los terrenales; y cual el celestial, tales también los celestiales".

"Y así como hemos traído la imagen del terrenal, traeremos también la imagen del celestial".

Las expresiones, "cuerpos celestiales", y "cuerpos espirituales" han hecho pensar a algunos que el cuerpo que va a resucitar —se trata del cuerpo de los justos— va a ser puramente espiritual, y no físico. Y esta interpretación no es correcta.

Pablo establece, en el pasaje que estamos considerando, un parangón, comparación o contraste, entre Adán, el padre de la raza humana caída, y Jesucristo, el enviado del Cielo en función redentora. Y dice que hemos venido a la vida con la naturaleza adámica, naturaleza leudada con la levadura del pecado; una naturaleza carnal, inclinada a lo terrenal y material.

Y agrega el apóstol, a manera de resumen: Así como hemos traído la imagen del terrenal, la imagen de Adán, así traeremos también la imagen del celestial; la imagen del Cristo resucitado.

Pero con el cuerpo resucitado de Jesús, algunos también tienen problemas. En Juan 20:26, dice que ocho días después del día de la resurrección, encontrándose los discípulos dentro de una casa, que tenía las puertas cerradas, Jesús se presentó en medio de ellos, sin abrir las puertas. De este fenómeno deducen algunos que el cuerpo resucitado de Jesús, era puramente espiritual. Y no es así, Jesús tenía un cuerpo de naturaleza espiritual; pero era un cuerpo físico. Y es importante que tengamos esto bien claro en nuestra mente. El hecho de presentarse dentro de la casa sin abrir ninguna puerta, constituyó una manifestación sobrenatural de su poder divino.

Tenemos varias evidencias que nos dicen que Jesús tenía un cuerpo físico: el sepulcro, donde pusieron su cadáver, quedó vacío. El cuerpo que fue sepultado allí volvió a la vida. Está escrito que se levantó "de entre los muertos".

La mañana de la resurrección, María Magdalena fue temprano al sepulcro, y lo encontró vacío. Y mirando en derredor vio un hombre, y pensó que era el hortelano o cuidador de huerta. Al descubrir que era el Maestro, suponemos que se abrazó a los pies de Jesús, para que no se le fuese; pero el Maestro le dijo: "No me toques". Y esto quiere decir que tenía un cuerpo que se podía tocar.

Ocho días después el mismo Señor dijo a Tomás "Mira mis manos; y acerca tu mano, y métela en mi costado; y no seas incrédulo". El Señor resucitado se apareció a dos discípulos que iban a una aldea llamada Emaús; les acompañó en el camino, habló con ellos y les recriminó su falta de fe para creer todo lo que los profetas habían dicho acerca del Mesías o Cristo.

Se supone que Jesús resucitó el domingo 9 de abril del año 30, al rayar el alba (Juan 20:1). En la tarde de aquel mismo día, se presentó a los discípulos estando ausente Tomás. Y dice Lucas, en el capítulo 24:36-43, que al verle, los discípulos, espantados y atemorizados, pensaron que veían un espíritu (o fantasma). Y Jesús les dijo: ¿por qué estáis turbados? Mirad mis manos y mis pies, que yo mismo soy, palpad, y ved; porque el espíritu no tiene carne ni hueso, como veis que yo tengo. Y diciendo esto les mostró las manos y los pies. Y como todavía los discípulos no salían de su asombro, les dijo: ¿Tenéis algo de comer? Y le dieron parte de un pez asado, y un panal de miel. Y él comió delante de ellos.

Fuera de toda duda: El cuerpo de Jesús resucitó. ¿Hubo algún cambio o transformación del cuerpo que sepultaron al cuerpo que resucitó? Creemos que sí. El cuerpo que fue clavado a la cruz pudo morir; pero el que se levantó de la tumba no puede morir.

Y volvemos a la declaración de Pablo, cuando dice: Así como venimos a la vida con la imagen del hombre terrenal, llamado Adán; en la resurrección traeremos la imagen del Hombre celestial, de Jesucristo. Este pasaje de I Corintios 15:49, tiene una importancia extraordinaria, nos enseña que el cuerpo resucitado de Jesús es el modelo de lo que será el cuerpo resucitado de los "justos" (Lucas 14:14). Será un cuerpo incorruptible inmortal; un cuerpo de naturaleza celestial, naturaleza de arriba. En Génesis 1:26 y 27, dice que Dios creó al hombre a su imagen y semejanza. Este propósito del Creador hallará su culminación en el cuerpo de la resurrección. Un cuerpo que no se enfermará, que no podrá morir. Este cuerpo nos dará permanencia eterna.

Después de la resurrección no habrá matrimonios entre los resucitados. No habrá más procreación. Es en este aspecto que seremos como los ángeles de Dios (Mateo 22:23 al 30).

Otro aspecto interesante es que: nosotros suponemos que entre los resucitados habrá un estándar de edad o plenitud de vida. Se muere un niño recién nacido, no creemos que va a ser niño eternamente. Y si se muere un anciano decrépito y rendido por el peso de los años, no creemos que va a resucitar en el mismo estado que murió. En esto tengamos presente que Jesús murió a los treinta y tres años, en la plenitud de vida.

Hemos visto que el apóstol Pablo nos dice, en I Corintios 15:22-24, que Jesucristo se propone vivificar o resucitar a todos los que han muerto. "Pero cada uno en su debido orden: Cristo las primicias; luego los que son de Cristo en su venida. Luego el fin, o tercera etapa de la resurrección.

3. Esta tercera etapa tendrá lugar mil años después de la resurrección de los justos. En Apocalipsis 20:4, dice: "Vi tronos, y se sentaron sobre ellos los que recibieron facultad de juzgar." Estos son los participantes en la primera resurrección. Pero la visión reveladora dada a Juan, le dijo: vi también a "los decapitados por causa del testimonio de Jesús..., los que no habían adorado a la bestia ni a su imagen, y que no recibieron la marca en sus frentes ni en sus manos", estos son los mártires de los días del anticristo —la bestia—. Estos van a completar la primera resurrección. Y nos dice el mencionado versículo, que todos van a reinar con Cristo mil años.

Entiéndase que van a reinar en este mundo regenerado. Pero de los otros muertos, dice Apocalipsis 20:5, que no volverán a vivir, no resucitarán, hasta mil años después. hasta el final del milenio.

Los versículos 11 al 15 de Apocalipsis 20, nos dicen que el ángel de Jesucristo le mostró a Juan un gran trono blanco, y al que estaba sentado en el trono (El Juez). Y nos dice que el mar dio los muertos que había en él. Y la muerte entregó los muertos que tenía bajo su dominio. Creemos que las palabras "mar" y "muerte", se relacionan con los cuerpos de los que han muerto, en la tierra y en el mar. Y Juan vio, en su visión, que el Hades o Seol, entregó —dejó salir— a los espíritus o almas de los muertos que había en él. La resurrección implica el volver a unir el cuerpo y el espíritu. Desde el día de la muerte hasta el día de la resurrección, el cuerpo y el alma han estado separados. Aquel día, los resucitados, comparecerán en cuerpo y espíritu ante el supremo Juez, y a partir de aquel día no habrá más separación entre el espíritu y el cuerpo.

Hay personas que creen en la resurrección de los muertos, pero cuando piensan en los que han muerto en el mar, o sus cuerpos han sido cremados, o pulverizados por una explosión, se preguntan si esos cuerpos podrán resucitar no habiendo sido sepultados. Les contestamos que sí. Está escrito que en Cristo todos serán vivificados, todos volverán a la vida en cuerpo y alma. Al fin y al cabo, Dios va a crear un cuerpo nuevo para todo el que ha muerto y no tendrá dificultad para proveer de cuerpo a los que no fueron sepultados en tierra.

¿Qué destino le espera a los que van a ser incluidos en la segunda o final resurrección? Con un sentimiento de profundo dolor, tenemos que decir que les espera el destierro o confinamiento eterno y un lugar muy desagradable, y muy lejos de Dios y del reino de los redimidos.

Los que hoy niegan a Dios, y le ofenden con su lenguaje y sus acciones, al fin se van a encontrar un día delante del Señor y van a ver su gloria. La van a ver por primera y última vez. Pero aquella visión de la divina majestad Dios producirá en sus conciencias un sentimiento de autoacusación, remordimiento y sufrimiento que no cesará jamás.

A muchos de los que van a comparecer ante el trono del juicio de Dios, les fue advertido, a su paso por la vida, lo que les esperaba sino se acogían al plan salvador que Jesucristo consumó en la cruz al precio de su propia vida. Sí, oyeron esto, pero no hicieron caso, no les interesó, no lo creyeron. El Señor dice en su palabra: "Todo el día extendí manos a un pueblo rebelde y contradictor". Por la gracia de Dios llevamos más de sesenta años predicando el Evangelio. Lo hemos predicado motivados por un sentimiento de compasión, preocupación y urgencia. Pero ¿cuántos nos han hecho caso? ¿Cuántos se han detenido a considerar lo que les hemos expuesto? ¿Cuántos se han acogido al plan de salvación que Jesucristo les ofrece, gratuitamente? ¿Cuántos se han apartado de su vida de pecado? ¡Qué difícil nos resulta resignarnos a ver a seres queridos avanzar a paso firme hacia las puertas de la eternidad, indiferentes, equivocados, sin Dios, sin un Salvador, y sin esperanza!

El Señor Jesucristo advierte a todo el que ha ofendido a Dios y al prójimo, que viene el día cuando todos los que están en los sepulcros oirán su voz; y los que hicieron lo bueno saldrán a resurrección de vida; pero los que hicieron lo malo resucitarán para enfrentarse con la condenación eterna.

Terminaremos citando una paráfrasis o traducción libre, de un pasaje que el apóstol Pablo escribió hace cerca de dos mil años. Dice así: "¡Qué gente tan terrible!, te estarás diciendo. ¡Espera un momento! ¡Tú eres tan malo como ellos! Cuando me dices que aquellos malvados deben ser castigados, estás hablando contra ti mismo, porque cometes los mismos actos. Y sabemos que Dios, en su justicia, castigará a cualquiera que actúe en esa forma.

"¿Es que acaso crees que Dios juzgará y condenará a los demás y ¿te perdonará a ti que haces las mismas cosas? ¿No ves que ha estado aguardando sin castigarte para darte tiempo de apartarte de tus pecados? El propósito de su magnanimidad es guiarte al arrepentimiento. Pero no le haces caso, y en consecuencia, estás almacenando contra ti mismo un terrible castigo por la terca dureza de tu corazón, porque llegará el día de la ira en que Dios se constituirá en el justo juez de todos.

"El dará a cada quien el pago que merece. Dará vida eterna a quienes con paciencia cumplan la voluntad de Dios y busquen gloria, honra y vida eterna. Pero castigará terriblemente a quienes luchen contra la verdad de Dios y anden en caminos perversos; la ira de Dios caerá sobre ellos.

"Habrá dolor y sufrimiento para los judíos y los gentiles que continúen en sus pecados. Mas la gloria, honra y paz de Dios para quienes obedezcan al Señor, ya sean gentiles o judíos, pues para Dios no hay diferencia.

"El condenará el pecado donde quiera que se manifieste. Castigará a los paganos por sus pecados, porque aun cuando éstos nunca hayan tenido escrita la ley de Dios, en lo más profundo de sus corazones conocen el bien y el mal. La ley de Dios está escrita dentro de ellos mismos; su conciencia los acusa a veces, y a veces los excusa. Y Dios castigará a los judíos por sus pecados, porque tienen la ley de Dios escrita y no la obedecen. Conocen el bien, pero no lo hacen. Al fin de cuentas, no se otorga la salvación a los que conocen el bien, sino a los que lo practican ". (Romanos 2:1 al 15).

4

Vistazo al interior del infierno desde afuera

Mirando al futuro ¿qué destino le espera a cada ser humano que pone la planta de sus pies sobre el planeta Tierra? El único que nos puede dar una respuesta verdadera es el que ha creado este mundo y a la raza humana que lo habita, DIOS.

Los que conocemos y respetamos al Dios que se ha revelado al género humano en la Persona de su Hijo Jesucristo, sabemos de dónde procedemos y adónde nos dirigimos. Los que desconocen y niegan al Dios verdadero avanzan hacia el final de la vida presente como el que va por un túnel obscuro sin saber lo que le espera al final.

Las enseñanzas de Jesucristo nos ponen delante un reino en el que ha de imperar la vida eterna en un ambiente de felicidad. Pero, con el propósito de alcanzar lo que se propone, el REY ha establecido condiciones para la admisión de los súbditos que van a integrar el mencionado reino. Diríamos que es un reino preparado para los que en esta vida nos preparamos, moral y espiritualmente, para la vida en el reino de Dios.

Los que quieren vivir en un mundo sin Dios; los que no quieren reconocer a Jesucristo como su salvador; los que no quieren observar una conducta moral que esté de acuerdo con el Evangelio de Cristo, al fin van a alcanzar lo que quieren; quedarán fuera del reino de Dios por toda la eternidad.

Jesucristo nos dice: "El que creyere al evangelio será salvo, pero el que no creyere será condenado". Y anticipándonos un acontecimiento futuro, dijo: Vendrá hora cuando todos los que están en los sepulcros oirán mi voz; y los que hicieron lo bueno saldrán a resurrección de vida, pero los que hicieron lo malo saldrán a resurrección de condenación.

Los que reconocen la soberanía de Dios y le respetan y obedecen, hacen lo bueno. Los que desobedecen a Dios, y desprecian a Cristo el Salvador y se burlan del evangelio, hacen lo malo. Y morirán como han vivido, desconectados del reino de los cielos. Y para los que mueren así, Dios se ha visto en la necesidad de preparar un lugar de destierro o confinamiento eterno, al que se le da el nombre de infierno. En los primeros años de nuestra vida cristiana, teníamos la noción de un infierno con espacio relativamente pequeño. Pero con el transcurso de los años y el estudio, nuestra noción del infierno se ha ensanchado mucho. Esperamos que si usted tiene paciencia para oírnos hasta el final de este estudio, su noción del infierno también se va a ensanchar.

1. Es un tema que le debe interesar

Si tenemos en cuenta el número de personas que ha pasado por este mundo en los seis mil años que creemos que han transcurrido desde la creación de Adán hasta la fecha; y los que pasarán en los mil años que vemos por delante, desde el presente al juicio final, tendremos que convenir en que el tema relacionado con el infierno es de extraordinaria importancia. El lugar que el Señor Jesús le dio en sus enseñanzas, corrobora lo que decimos.

Hay dos cosas que molestan al diablo extraordinariamente: que se hable de la salvación por la sangre de Cristo; y que se advierta al género humano que la desobediencia a las normas morales y a los principios religiosos establecidos por el Creador, aleja del cielo y conduce a un lugar de destierro y sufrimiento eterno llamado infierno.

Los que quizás involuntariamente coinciden con el "padre de la mentira" al negar la realidad del infierno, se muestran muy activos. En el pasado negaban la realidad del infierno los incrédulos y los que creían en la teoría de la reencarnación de las almas. Pero ahora se han unido a ellos algunos que no son reencarnacionistas y que se presentan como intérpretes de la Biblia. Nos referimos a los discípulos de Guillermo Miller y Elena White, y a los llamados Testigos de Jehová, que proceden de la escuela adventista.

El apóstol Juan escribió la siguiente expresión: "Dios es amor".

Conocimos a una doctora en pedagogía, miembro de una iglesia evangélica, que se deshacía de todo lo que enseña la Biblia en relación con el infierno, diciendo "Mi Biblia dice que Dios es amor". Y yo creo que Dios no va a enviar a nadie a un lugar de sufrimiento eterno. Esta manera de razonar no es realmente sensata; porque la Biblia no se puede reducir a una expresión, a un versículo, a un capítulo, ni tampoco a uno solo de los sesenta y seis libros que la componen. Dios es amor, pero el apóstol dijo a los cristianos de Tesalónica que "es justo para con Dios pagar con tribulación a los que os atribulan".

Una editorial católica ha publicado un Diccionario de Teología. Este Diccionario termina su explicación relacionada con el infierno, diciendo: "Este es un tema profundamente misterioso". Las enseñanzas bíblicas relacionadas con acontecimientos futuros nos sugieren preguntas, como las siguientes:

¿COMO SERA?
¿CUANDO SERA?
¿DONDE SERA?
¿COMO FUNCIONARA?

Y en relación con el infierno nos formulamos las siguientes preguntas: ¿Existe ya el infierno? Si existe, ¿dónde lo situamos? ¿Hay ya personas en el infierno? Si el infierno fuese una realidad futura, ¿cuándo se establecerá? ¿Sufrirán todos los condenados el mismo grado o intensidad de pena? ¿Qué elemento producirá el sufrimiento?

Los que niegan la realidad de un lugar de destierro o confinamiento eterno, no pueden negar que Jesucristo y los apóstoles nos hablan de tal lugar. ¿Qué interpretación o explicación suelen dar los que niegan la realidad del infierno a las enseñanzas de Jesús relacionadas con el mencionado lugar? Dicen que el infierno es el sepulcro. Debemos aclarar aquí que los Adventistas y los Testigos de Jehová no creen que el ser humano se compone de cuerpo y espíritu. Enseñan que el ser humano es simplemente un organismo físico que aspira y respira. Cuando deja de respirar se ha muerto íntegramente —dicen ellos—, y como a los cuerpos se les sepulta, los que niegan la existencia del alma, no admiten más lugar que el sepulcro.

Pero la Sagrada Escritura nos enseña que el ser humano se compone de espíritu y cuerpo o cuerpo y alma. En Génesis 1:26 dice que Dios creó al hombre a su imagen y semejanza. Dios es espíritu puro, no tiene cuerpo. Génesis 2:7 nos dice que formó Dios al hombre del polvo de la tierra, y sopló en su nariz aliento de vida. La expresión "aliento de vida" tiene carácter metafórico, y nos dice que la vida del hombre procede de Dios. El aliento de vida es emblema del espíritu o alma. En Eclesiastés 12:7, dice que cuando uno se muere, "el polvo vuelve a la tierra, y el espíritu vuelve a Dios que lo dio". Y en Mateo 10:28, el Señor Jesús nos dice: "No temáis a los que matan el cuerpo, pero el alma no la pueden matar". Este pasaje o afirmación de Jesús establece la verdad de que el alma sobrevive a la muerte del cuerpo, y que los seres humanos no pueden matar el alma. Jesús prometió al ladrón arrepentido que murió a su lado en el Calvario, que aquel mismo día se verían los dos en el paraíso (Lucas 23:43). El cuerpo de Jesús lo sepultaron aquel mismo día. Y de lo que leemos en Juan 19:31 deducimos que el cuerpo del ladrón también lo sepultaron aquel día. No los sepultaron a los dos en el mismo sepulcro.

Creemos que a Jesús lo crucificaron un viernes. En las primeras horas de aquel viernes Jesús dijo a sus discípulos: "El espíritu a la verdad está dispuesto, pero la carne es débil" (Mateo 26:41). Y en las últimas horas de aquel mismo día se nos dice que Jesús "entregó el espíritu" (Mateo 27:50). El espíritu de Cristo (Cristo en espíritu) y el espíritu del ladrón que murió arrepentido y perdonado, se vieron aquel día en la sección del SEOL llamada "seno de Abraham" o paraíso (Lucas 16:22)

La palabra hebrea SEOL se encuentra en el Antiguo Testamento 63 veces. Y la palabra griega HADES, equivalente a Seol, se encuentra 10 veces en el Nuevo Testamento. La palabra SEOL designa el lugar a donde van los espíritus de los que se mueren. Esta palabra aparece por primera vez en Génesis 37:35. Cuando los hijos de Jacob hicieron creer a su padre que José, su hijo, había sido despedazado por alguna bestia, Jacob experimentó un sentimiento de dolor tan grande, que exclamó: Descenderé al SEOL con este dolor. Jacob no le llamaba SEOL al sepulcro, porque en hebreo al sepulcro se le llama Qeber. En el Salmo 9, versículo 17 dice que los malos serán trasladados al SEOL. Y esto nos enseña que al SEOL iban los espíritus de todos los muertos: los buenos y los malos. El pasaje bíblico que arroja más luz sobre el SEOL (HADES) es la parábola del rico y Lázaro (Lucas 16:19, 31).

Génesis 37:35 nos enseña que antes de que se escribiese el libro del Génesis ya Dios había revelado o enseñado a los seres humanos que cuando una persona se moría, su cuerpo bajaba al Qeber, y su alma iba la SEOL. Los atributos personales: la noción de ser, el yo, la conciencia, la memoria, y otros, son inherentes al espíritu e inseparables de él. Por donde va el espíritu, va la persona. No hay ninguna base bíblica para relacionar el SEOL con el sepulcro. Hay un solo SEOL, pero hay millones de sepulcros. El SEOL se relaciona siempre con el espíritu de la persona y el sepulcro se relaciona siempre con el cuerpo.

Algunos relacionan el infierno con el SEOL. Pero esto, aunque envuelve un aspecto de verdad, no es la verdad plena.

Antes de la muerte, resurrección y ascensión de Jesucristo, iban al SEOL las almas de todos los que morían. Jesucristo nos enseña que el SEOL tenía dos compartimientos separados por un abismo que hacía imposible pasar de una sección a la otra (Lucas 16:26).

En una sección estaban las almas de los que habían muerto arrepentidos y perdonados por Dios. Y en la otra sección estaban los que habían muerto en estado de condenación, como nos dice Juan 3:18.

La sección de los redimidos resultaba ser, para ellos, un lugar de espera, algo como la antesala del cielo; y la sección de los condenados resulta ser para ellos algo así como la antesala del infierno (Lucas 16:25).

Desde el día que Adán cayó en el pecado de la desobediencia al Creador, Dios le enseñó que se podía librar de las consecuencias eternas de su pecado ofreciendo un cordero en sacrificio por sus culpas. Este plan o método estuvo vigente hasta el día que Jesucristo, el Cordero de Dios (Juan 1:29), fue ofrecido en sacrificio por nuestras culpas. La sangre de los corderos sacrificados por los pecadores antes de Cristo no tenía en sí valor redentor. Lo que dio valor salvador a la sangre de los corderos sacrificados por los pecadores, desde el Edén hasta el Calvario, fue la sangre de Cristo derramada por los pecados de toda la raza humana. (I Pedro 1:18-19). En realidad, Cristo, al morir en la cruz, pagó el precio de la redención de Adán, de Abel, de Noé, de Abraham, de Moisés de David, y de los profetas; de todos los que murieron perdonados desde Adán hasta Cristo.

Los que llamaríamos santos del Antiguo Testamento, sus almas no pudieron ir al cielo cuando se murieron porque el precio real de su redención no se había pagado, lo pagó el Señor Jesucristo el día que murió en la cruz del Calvario (I Pedro 2:24 y 3:18, y I Corintios 3:20). Dios prometió sacar del SEOL a los que habían obedecido sus disposiciones. Esto lo vemos en el Salmo 49:15 y Oseas 13:14. Después que el Señor Jesús ascendió al cielo, creemos que se llevó con él a todos los que estaban en el llamado "seno de Abraham" o sección de los redimidos (Efesios 4:8). El alma de Jesús estuvo en el SEOL el tiempo que su cuerpo estuvo en el sepulcro (Salmo 16:10 Y Hechos 2:31). Podemos decir que la sección del SEOL destinada a los redimidos quedó vacía el día que Jesús ascendió al cielo. Y desde aquel día, los cristianos que mueren bajo la fe del evangelio o Nuevo Pacto, al morir van directamente al cielo. Va el espíritu, el cuerpo baja a la tumba hasta el día de la resurrección de los justos (Lucas 14:14).

Ahora bien, los que mueren sin haberse acogido al plan salvador establecido por Dios, continúan yendo al SEOL, y continuarán yendo allí hasta el juicio final. Esas almas saben que no irán al cielo, y están sufriendo el tormento que les ocasiona el saberse destituidas para siempre de una relación de armonía y paz con Dios. Y a causa de esto, algunos piensan que el SEOL es el infierno. Podríamos admitir que se dijese que el SEOL es, temporalmente, el infierno del alma mientras el cuerpo permanece en la tumba. Y en este sentido se puede decir que el SEOL es, para los que se mueren sin salvación, la antesala del infierno. Pero no creemos que el infierno eterno lo podemos ubicar en el SEOL. Pensamos que va a estar situado en otro lugar.

Analizando los acontecimientos futuros, de acuerdo con el plan de Dios, se puede esperar en cualquier fecha lo que llamamos el arrebatamiento de la Iglesia. Siete años después vendrá Cristo en poder y gloria con su iglesia, y establecerá en este mundo el llamado reino milenial.

Después del milenio tendrá lugar la resurrección de los cuerpos de aquellos cuyas almas estarán en el Hades. En relación con aquella resurrección, dice en Apocalipsis 20:13, lo siguiente: El mar entregó los muertos que había en él; y la muerte y el HADES entregaron los muertos que había en ellos; y fueron juzgados cada uno según sus obras. Hay personas fallecidas que no tienen un sepulcro en tierra porque murieron en el mar. Y Apocalipsis 20:12 nos enseña que los cuerpos resucitarán del mar. La expresión: la "muerte", se refiere a los sepulcros a donde bajaron los cuerpos sin vida.

Y el Hades, se refiere a las almas. Aquel día los cuerpos se levantarán de los sepulcros e instantáneamente, las almas correspondientes a aquellos cuerpos saldrán del Hades o Seol y se unirán a sus respectivos cuerpos. Y de esa manera los muertos volverán a la vida en cuerpo y alma. Seguidamente comparecerán delante del supremo JUEZ para oír la sentencia definitiva y eterna. Aquel será el juicio final.

Dijimos que el lugar llamado SEOL resulta ser, para los que se mueren sin arrepentimiento ni perdón, la antesala del infierno. En la parábola del rico y Lázaro, Jesús descorre el velo del más allá y nos dice cómo se sienten los que ahora están en el SEOL. El término que resume la revelación de este pasaje (Lucas 16:19,25) es la palabra "atormentado".

Puede que alguien piense que el pasaje que mencionamos es una parábola. Todas las parábolas expuestas por Jesús se basan en aspectos de la vida real. En este caso el Señor eligió a dos hombres: uno de la extrema pobreza, y el otro de la extrema opulencia. ¿No han existido siempre en la sociedad humana esos personajes? El Señor nos dice cómo vivieron mientras estuvieron en este mundo y esta vida, a qué lugar fueron a parar sus almas el día que se murieron, y cómo se encontraban en el más allá; y aunque los personajes sean imaginarios la enseñanza de la parábola es real, es verdadera. Jesús no puso en boca del rico una mentira. El rico de la parábola representa a todos los que pasan por este mundo y esta vida viviendo para sí mismos, afanados por la buena vida material y la acumulación de riquezas, y entregados a los placeres ilícitos, sin pensar que esto les va a durar muy poco y que tienen por delante una ETERNIDAD que puede ser de paz, vida eterna feliz, o de tormento eterno.

La parábola del rico y Lázaro constituye una solemne advertencia a todo ser humano que aún está viviendo en la senda de OPORTUNIDAD de salvación. Algunos se preocupan de sus seres queridos después que han partido de la esfera de la oportunidad. El Señor Jesús nos enseña que el día que podamos optar ó echar a mano de la salvación es HOY, no MAÑANA. En el momento en que el ser humano exhale su postrer aliento se cierra para siempre su oportunidad de salvación.

¿DONDE SE ENCUENTRA SITUADO EL SEOL? No podemos dar una respuesta concreta. Las referencias bíblicas apuntan hacia abajo: En Números 16:33 dice que Coré y sus aliados DESCENDIERON vivos al SEOL. En Isaías 14:9 y 15, se menciona la caída de Luzbel, y dice que fue derribado hasta el SEOL. Este pasaje envuelve un aspecto interesante, y es el siguiente: la caída de Satán fue anterior a la caída de Adán. En Mateo 11:23 se presenta un contraste entre el cielo arriba y el Seol abajo (Hades).

En Hechos 2:31 dice que el alma de Cristo fue al Hades (Seol) durante el tiempo que su cuerpo estuvo en el sepulcro. Y en Efesios 4:9 dice que Cristo (su alma) descendió a las partes más bajas de la tierra. En Lucas 8:31, dice que la legión de demonios que se habían posesionado del gadareno rogaron a Jesús que no los mandase al ABISMO.

En Apocalipsis 9:1 y 2 se menciona el pozo del abismo. Y el versículo once llama a Satanás ángel del abismo. Y en Apocalipsis 20:1 al 3 se nos dice que cuando Jesucristo venga a establecer su reino milenial, Satanás será encerrado en el abismo. Damos por sentado que con Satán serán encerrados todos los ángeles caídos o espíritus demoníacos.

Un Diccionario de la Biblia dice que el Seol es la morada subterránea a donde van los espíritus de los que no tienen entrada al cielo. Después de lo que hemos expuesto, puede que alguien se pregunte:

2. ¿Tenemos base bíblica para creer que el infierno es un lugar real?

Al responder a esta pregunta les suplicamos que presten atención a los pasajes que vamos a mencionar porque tendremos que determinar si lo que Jesús y sus apóstoles nos dicen acerca del infierno en sí, y del tormento, lo debemos entender o tomar en sentido literal, figurado o simbólico.

En Mateo 5:29 y 30, dice el Señor:

"Si tu ojo derecho te es ocasión de caer [en pecado] sácalo y échalo de ti; pues mejor te es que se pierda uno de tus miembros, y no que todo tu cuerpo sea echado al infierno".

En Mateo 8:11 y 12 nos dice Jesús: "Os digo que vendrán muchos del oriente y del occidente, y se sentarán con Abraham e Isaac y Jacob en el reino de los cielos; pero los hijos del reino serán echados a las tinieblas de afuera; allí será el lloro y el crujir de dientes". ¿A quiénes se refiere el Señor cuando dice: "los hijos del reino"? Se refiere a los israelitas que por tener el sello de la circuncisión se consideraban súbditos del reino de Dios. Y en la actualidad, este pasaje tiene aplicación a los que se creen cristianos porque los han bautizado.

En Mateo 10:28, dice: "No temáis a los que matan el cuerpo, mas el alma no la pueden matar; temed más bien a aquel que puede destruir el alma y el cuerpo en el infierno". La palabra "destruir" que aparece en este versículo significa arruinar, hacer inoperante. En Deuteronomio 11:4, dice que Dios destruyó al ejército de Faraón en el Mar Rojo, pero no aniquiló a los soldados.

En Mateo 13:24 al 30, el Señor compara la población del mundo con el trigo y la cizaña. Y en los versículos 41 al 43, dice: Cuando llegue el tiempo de la siega, "el Hijo del Hombre" (Jesucristo) enviará a sus ángeles y recogerán de su reino (este mundo) a todos los que sirven de tropiezo, y a los que hacen iniquidad, y los echarán en el horno de fuego; allí será el lloro y el crujir de dientes. Entonces los justos resplandecerán como el sol en el reino de su Padre.

En Mateo 18:9, dice el Señor: "Mejor te es entrar en la vida con un solo ojo, que teniendo dos ojos ser echado en el infierno de fuego".

Y en Mateo 23:33, dice Jesús a los escribas y fariseos: "¡Serpientes, generación de víboras! ¡Cómo escaparéis de la condenación del infierno?".

En Marcos 3:29, dice: "Cualquiera que blasfeme contra el Espíritu Santo, no tiene jamás perdón, sino que es reo de juicio eterno".

Y en Marcos 9:43 al 48, el Señor nos dice:

Si tu mano te fuere ocasión de caer, córtala; mejor te es entrar en la vida manco, que teniendo dos manos ir al infierno, al fuego que no puede ser apagado, donde el gusano [de los que vayan allí] *no muere, y el fuego nunca se apaga".*

En Lucas 16:22 al 25, el Señor Jesús nos da a conocer el estado en que se encontraba el alma del rico. Jesucristo, que lo sabe todo y no engaña, pone en boca del rico este angustioso lamento: "Estoy atormentado en esta llama".

En Mateo 25:31 al 46, el Señor Jesús descorre el velo del futuro y describe lo que generalmente conocemos como el juicio de las naciones. Este no será el juicio final, que mencionaremos más adelante. Este juicio tendrá lugar cuando Cristo venga por segunda vez. Los versículos 31 al 34 dicen lo siguiente: "Cuando el Hijo del Hombre venga en su gloria, y todos los santos ángeles con él, ENTONCES se sentará sobre el trono de su gloria y serán reunidas delante de él todas las naciones; y apartará los unos de los otros, como aparta el pastor las ovejas de los cabritos. Y pondrá las ovejas a su derecha y los cabritos a su izquierda. Entonces el Rey dirá a los de su derecha: Venid, benditos de mi Padre, heredad el reino preparado para vosotros desde la fundación del mundo".

Y el versículo 41 nos dice que volviendo sus ojos a los que tendrá a su izquierda, les dirá: "Apartaos de mí malditos, al fuego eterno preparado para el diablo y sus ángeles".

Mateo 25:41 es el pasaje más esclarecedor y determinante de toda la Biblia en relación con el infierno. Nos dice que el infierno fue creado para el diablo y sus ángeles. Evidentemente fue creado el día que Luzbel y sus ángeles se rebelaron contra su Creador. Y además de la información sobre el origen del infierno, el Señor nos dice que el fuego del infierno es eterno. Esto lo dice el que tiene autoridad para determinar. El que diga lo contrario no dice la verdad. Y ¡ay del que se atreva a contradecir al Verbo de Dios!

Mateo 25:31 nos dice que Cristo, cuando vuelva al mundo en poder y gloria, "se sentará sobre el trono de su gloria", y reinará como REY DE REYES Y SEÑOR DE SEÑORES. En el Milenio el Señor será el Juez supremo de su reino; lo que nos hace pensar, que si el Milenio comienza con el juicio de las naciones y termina con el juicio final, todo esto está incluido en la narración de Mateo 25:31 al 46.

Los que estamos escritos en el libro de los nacidos de nuevo que el Señor lleva en el cielo, reinaremos con Cristo sobre las naciones que sobrevivan a la segunda venida de Cristo (Apocalipsis 2:26-27).

Después que Cristo haya reinado mil años (el sábado milenial de este mundo, Apocalipsis 20:6), tendrá lugar la resurrección de todos los que hasta allí hayan permanecido en sus tumbas, y seguidamente el juicio final. La información relacionada con este juicio la encontramos en Apocalipsis 20:11 al 15. El versículo 13 dice que el mar entregará muertos que haya en él. Y la muerte y el Hades (Seol) entregarán los muertos que haya en ellos. Dijimos, anteriormente, que la palabra muerte, en este pasaje, se refiere al sepulcro (donde están los cuerpos), y la palabra Hades se relaciona con las almas de los que en vida "hicieron lo malo". (Juan 5:29). Aquel día los cuerpos se levantarán de sus tumbas, y las almas saldrán del Hades y se unirán instantáneamente a sus respectivos cuerpos. Y los resucitados comparecerán, en cuerpo y alma, ante el supremo JUEZ. Aquel día el sepulcro y el Hades se quedarán vacíos. Y los que hasta aquel día estuvieron en el Hades (las almas), y en el sepulcro (los cuerpos), dice Apocalipsis 20:14 que serán lanzados al lago de fuego. Tengamos en cuenta que los sentenciados en Mateo 25:41, son enviados "al fuego eterno". Y los sentenciados en el día del juicio final son lanzados "al lago de fuego".

Creemos que Dios tiene ya preparado un lugar o espacio de reclusión o confinamiento para enviar a los sentenciados el día del juicio final.

En los primeros años de mi vida cristiana, me imaginaba el infierno como una prisión más o menos grande. Pero en la actualidad me imagino que el espacio necesario para dar cabida a todos los que van a ir a parar allí tiene que ser mucho más grande que la parte habitable del planeta en que vivimos. Nos imaginamos que será un mundo en sí. Un mundo preparado para ser habitado eternamente por los que queden excluidos del reino de Dios.

En la actualidad hay en este mundo alrededor de cinco mil quinientos millones de habitantes (1992). Si el juicio final fuera mañana, ¿cuántos de los actuales habitantes de este mundo se quedarían fuera del reino de Dios? Suponemos que más de cuatro mil millones. ¿Cuántos habitantes habría en este mundo cuando Dios mandó el diluvio? No lo sabemos, lo que sí sabemos es que solamente Noé y su familia escaparon al juicio de Dios. Todos los otros están en el SEOL con pase seguro para el "lago de fuego".

Cuando Jesucristo vino a este mundo se encontró a las naciones sumidas en el más rudimentario paganismo. ¿Cuántos habrán buscado y obedecido a Dios en los dos mil años que mediaron entre Abraham y la venida de Cristo? Muy pocos. Si les digo que me imagino que el infierno va a estar poblado por más de cien millones, pienso que me quedo muy corto.

¿En dónde estará situado ese espacio tan inmenso que el supremo JUEZ va a necesitar a partir del día del juicio final? No lo sabemos, pero nos lo imaginamos muy lejos de este mundo, y del llamado tercer cielo o morada de Dios. Los astrónomos que exploran el espacio nos hablan de distancias que se calculan por miles de años luz. (Y nos dicen que la luz camina 300.000 kilómetros por segundo).

Los que ahora cierran sus ojos a la luz de la verdad; y sus oídos a las advertencias de Dios, al fin van a abrir los ojos cuando sea muy tarde. Los que quieren un mundo sin Dios, sin Biblias, sin iglesias, y sin predicadores que expresen con fidelidad la verdad de Dios, al fin van a encontrar lo que ahora desean. Aquel día van a llorar amargamente por lo que ahora desprecian. Pero ese es el destino que ahora están eligiendo. Los que de una manera altanera y descarada se mofan de Dios y de Su palabra, al fin se van a ver libres de la palabra de Dios. Pero no se van a sentir felices, sino todo lo contrario, atormentados y culpándose a sí mismos. No podrán decir que no han sido advertidos; lo que dirán es que no han querido oír, no han querido prestar atención, se han cobijado bajo el manto de la mentira, se han abrazado al oro y la plata, el palo y la piedra. Pero han desechado al Dios Todopoderoso, y al Salvador que derramó su sangre por ellos, y al Espíritu de gracia que les ha persuadido. A pesar de las advertencias de Dios y de sus ministros

3 Algunos no creen en la realidad del infierno

Piensan que como la Biblia dice que Cristo murió por todos, puede que a la postre Dios pase por alto todas las ofensas, vituperios, burlas y desprecios, y que abra las puertas del cielo a todo el mundo. A los que piensan de esta manera les advertimos que Dios se respeta a sí mismo, y respeta sus normas y sus leyes. Para hacer posible la salvación de todos los pecadores, de todo el género humano, Dios envió a su Hijo al sacrificio de la cruz. El que en esta vida no se acoja a los beneficios de la muerte redentora de Cristo, se quedará fuera del reino de Dios.

Y otros dicen que eso del fuego eterno hay que entenderlo en el sentido de que el día del juicio final, los que queden excluidos del reino de Dios, van a ser quemados como el que quema un montón de leña. Que el fuego durará mientras dure el combustible. Esta teoría niega el castigo eterno. Ahora bien, Jesucristo nos habla de "castigo eterno", y de "vida eterna".

"El que cree en mí tiene vida eterna". Juan 6:47

"Yo les doy vida eterna" Juan 10:28

"La dádiva de Dios es vida eterna" Romanos 6:23

"Eterna redención". Hebreos 9:12

"Tenéis vida eterna". I Juan 5:13

¿Creemos que vamos a vivir eternamente en el reino de Dios, sí o no? Si la respuesta es que sí, cuando se trata de la vida eterna, y decimos que no cuando se trata del castigo eterno, ¿dónde están el respeto a la palabra de Dios, al valor y significado de las palabras de la Sagrada Escritura, la sensatez del intelecto, y el sentido común?

La Biblia enseña que el tormento de los que queden excluidos del reino de Dios será eterno: "Apartaos de mí malditos, al fuego eterno". "Castigo eterno". Mateo 25:41 y 46. Jesús usó la misma palabra para vida eterna y castigo eterno. La palabra "eterno" significa que no tiene fin.

Se atribuye a un guerrero francés llamado Beltrán Duguesclin, la siguiente expresión: "Ni quito ni pongo rey, pero sirvo a mi señor". Nosotros no inventamos el infierno, ni deseamos que el tormento de los condenados se prolongue más allá de lo que el Señor ha determinado. Creemos que es nuestro deber enseñar la verdad.

El problema de los que niegan la realidad de un lugar de confinamiento eterno es que donde el supremo JUEZ dice sí, ellos dicen no. Y a los que limitan a Dios al ejercicio del amor, les exponemos las siguientes enseñanzas de la palabra de Dios. Dice en Romanos 11:22: "Mira, pues, la bondad y la severidad de Dios; la severidad ciertamente para con los que cayeron, pero la bondad para contigo (gentil), si permaneces en esa bondad; pues de lo contrario tú también serás cortado".

La severidad de Dios se ha puesto de manifiesto desde el principio de la raza humana. Desde el punto de vista humano, cualquiera diría que el primer pecado cometido por el hombre no envolvía una gravedad muy grande. Adán, simplemente desobedeció a su Creador. Por aquel primer pecado, Dios dictó sentencia inmediatamente, diciendo: "Por cuanto comiste del árbol de que te mandé diciendo: no comerás de él; MALDITA SERA LA TIERRA POR TU CULPA: CON DOLOR COMERAS DE ELLA TODOS LOS DIAS DE TU VIDA ... HASTA QUE VUELVAS A LA TIERRA, PORQUE DE ELLA FUISTE TOMADO; PUES POLVO ERES, Y AL POLVO VOLVERAS". Esta sentencia afectó a Adán y a toda su descendencia hasta hoy, y continuará hasta la segunda venida de Cristo. Pero a pesar del rigor de la sentencia, Dios se mostró misericordioso con Adán. Le habló de un salvador y le indicó que se podía librar de las consecuencias eternas de su pecado ofreciendo en sacrificio la sangre de un cordero.

Mil seiscientos cincuenta y seis años después, dice en Génesis 6:5, que vio el Señor que la maldad de los hombres era mucha en la tierra, y que toda inclinación de los pensamientos del corazón de ellos era de continuo solamente el mal. Y al ver que la raza humana se había corrompido, y que la tierra estaba llena de violencia, el Altísimo dijo: "Barreré de la faz de la tierra al hombre que he creado". Y barrió a toda la descendencia de Adán, con la excepción de las ocho personas que se salvaron en el arca de salvación.

Alrededor de 650 años después del diluvio, las ciudades de Sodoma y Gomorra se habían depravado en gran manera, y el Señor manifestó la repulsa que le causó la conducta de los sodomitas produciendo un fenómeno tan devastador que no quedó de aquellas ciudades ni los cimientos.

Alrededor de 600 años antes de Cristo, el pueblo que Dios había liberado de Egipto, se había apartado de las normas sociales, morales y religiosas que Dios les había dado por medio de Moisés. Habían sustituido el culto al Dios de la gloria, por el culto a ídolos de metal. Ante tal situación, Dios les envió al profeta Jeremías con un mensaje de advertencia: Se arrepentían de sus pecados o desaparecerían como reino y se convertirían en esclavos. La actitud del pueblo fue radical; le dijeron a Jeremías que se callase, que no iban a prestar atención a su mensaje. Y sucedió lo que Dios les había dicho. Los caldeos destruyeron a Jerusalén, derribaron el templo, y se llevaron cautivo al pueblo.

Y todavía hay quienes piensan que Dios es solamente amor, y que a la postre no va a condenar a nadie. Nosotros no tenemos interés en que los condene. Sabemos que Dios no necesita que le aconsejemos. Pero el concepto que tenemos de él, y los que nos enseñan SU PALABRA y la historia, nos mueven a expresarnos como lo estamos haciendo. Dios cumple siempre lo que promete: sean bendiciones o maldiciones.

4. Dios es extraordinariamente misericordioso

Uno de los pasajes más conocidos del Evangelio es Juan 3:16. "De tal manera amó Dios al mundo, que ha dado a su Hijo unigénito, para que todo aquel que en él cree, no se pierda, mas tenga vida eterna". Y Romanos 8:32 que dice "Dios no escatimó ni a su propio Hijo, sino que lo entregó por todos nosotros". Y en Romanos 5:8, dice: "Dios muestra su amor para con nosotros, en que siendo aún pecadores, Cristo murió por nosotros".

Pensamos que el amor de Dios para con la humanidad pecadora está motivado por un sentimiento de misericordia y compasión. Dice el Señor, en Isaías 55:7. "Deje el impío su camino, y el hombre inicuo sus pensamientos, y vuélvase al Señor, el cual tendrá de él misericordia, y al Dios nuestro, el cual será amplio en perdonar". Y en Ezequiel 33:11, Dios le dice al profeta: Diles que no quiero la muerte (la condenación) del impío; lo que quiero es que se vuelva el impío de su camino y que viva. Y en la primera Epístola a Timoteo, capítulo 2: versículos 3 y 4, dice: "Dios... quiere que todos los hombres sean salvos y vengan al conocimiento de la verdad". Y como Dios quiere que la salvación de todo ser humano, en Tito 2:11, dice que la gracia de Dios se ha manifestado para salvación de todos los hombres. Y en la segunda Epístola de Pedro, 3:9, dice el Señor: "No quiero que ninguno perezca, sino que todos procedan al arrepentimiento".

Dios ofrece el perdón, la salvación, y la entrada al reino de la vida eterna feliz a todo el que reconoce sus culpas, y se aparta de ellas, y abre su corazón a la gracia de Dios, y acepta a Cristo como salvador. ¿Qué más podemos pedir? En San Juan 3:17 y 18, encontramos un pasaje definitorio y definitivo. Dice lo siguiente: "Dios envió a su Hijo al mundo para que el mundo (la humanidad) sea salvo por él —por el Hijo—. El que en él cree no es condenado; pero el que no cree ya está condenado, porque no creyó en el nombre del Hijo de Dios". Este pasaje abre las puertas del cielo al que cree en Jesucristo, aceptándole como salvador, y abre las puertas del infierno al que no quiere identificarse con Cristo, aceptándole como Salvador y Señor. Cristo nos dice, en Juan 10:9. "Yo soy la puerta —la puerta de la salvación—. Y no hay otra puerta, ni otro camino, ni otro nombre que nos pueda ofrecer salvación (Hechos 4:12). Entra el que quiere. Dios nos ha dotado de libre albedrío, y no va a forzar a nadie. Cristo es la puerta de la salvación, y el que voluntariamente no quiera entrar, se va a quedar para siempre fuera del reino de Dios. La Sagrada Escritura advierte que...

los injustos	los blasfemos
los idólatras	los estafadores
los adúlteros	los hechiceros
los fornicarios	los envidiosos
los homosexuales	los homicidas
los ladrones	los incrédulos
los avaros	los cobardes y
los borrachos	los mentirosos

...no entrarán en el reino de Dios. La relación que ofrecemos aquí puede ser interesante para los que se vean mencionados en ella. Pero no se vayan a equivocar los que no se vean mencionados, creyendo que se pueden salvar sin experimentar convicción de pecado. Hay otras violaciones de la ley de Dios que no están en la relación anterior. El arrepentimiento y la fe en El son imprescindibles para la salvación.

En Génesis 6:5, dice que vio el Señor que la maldad de los hombres era mucha en la tierra, y que toda inclinación de los pensamientos de ellos era solamente el mal. ¿Cómo verá Dios a la sociedad humana de nuestros días? ¿Qué pensará de la violencia y el crimen? ¿Cómo verá la diabólica pornografía o desnudez pública de tantas mujeres? ¿Qué pensará de los matrimonios entre personas inscritas en el registro civil como del mismo sexo? ¿Y cómo verá Dios a los que se visten de religiosos y sancionan y ofician en la unión de dos invertidos? ¿Qué pensará Dios de los que invocan Su nombre para engañar y explotar a los incautos? ¿Cómo verá Dios los millones de abortos que se practican cada día en todo el mundo? ¿Qué pensará del desenfreno sexual que impera en la tierra? ¿Cómo verá a los que lo ofenden de una manera abierta y descarada, y buscan apoyo, amparo, y justificación, arrodillándose ante un muñequito hecho por la mano del hombre?

Dios es muy misericordioso. Pero tiene sentimientos, ama la santidad, y espera que le reconozcamos, le respetemos, le obedezcamos y le sirvamos. Dios se propone establecer un reino en el que imperen el orden, la santidad, la justicia, el respeto, y el bienestar social en todas sus manifestaciones. ¿Piensan ustedes que pueda Dios abrir las puertas de su reino a toda la actual población del mundo? ¿Hay alguien que se sienta feliz con la situación moral y social del mundo en que estamos viviendo? Dios ofrece el perdón y la salvación a todo ser humano. Pero nos advierte que el que quiera aspirar a verse un día en un reino donde van a imperar la santidad, la justicia y la alabanza al Señor, tiene que reconocer que su conducta actual no es agradable para Dios, y que el Señor espera reconocimiento de culpa, arrepentimiento de corazón y una regeneración o nuevo nacimiento que va a implicar un cambio de sentimientos e inclinaciones. Si Dios metiera en su reino a la actual población del mundo, tal como es ahora, ¿qué sería entonces el reino de Dios? Pues sería la prolongación de lo que es ahora el mundo en que vivimos.

En el reino de Dios solamente van a entrar los que están moral y espiritualmente preparados para sentirse felices en la presencia del Señor. Dios abomina la corrupción en todas sus manifestaciones. ¿Puede un ser humano, con un corazón depravado, experimentar un cambio que le capacite para sentirse feliz en el cielo? Puede alcanzar tal cambio si acepta el perdón que el Salvador le ofrece, y si abre su corazón a la gracia de Dios. El plan del Salvador consiste en que su

Espíritu entre a morar en nuestro corazón. En esto consiste la clave de la vida cristiana agradable al que nos dice: "Sed santos porque YO soy santo"

5. Por qué causa vino a ser necesario el infierno?

Dios no necesitó al principio un lugar de confinamiento llamado infierno. No lo necesitó porque no creó a nadie con el propósito de recluirlo en un infierno, lo creó para la vida eterna en su presencia y en su reino. El infierno vino a ser un lugar necesario por lo que vamos a exponer.

Antes de la creación del hombre, Dios creó a los ángeles. Y aunque no se nos dice que los creó a su imagen y semejanza, damos por sentado que los ángeles eran más semejantes a Dios que el hombre, porque eran íntegramente de naturaleza espiritual, y superiores al ser humano (Salmo 8:5)

Dios, al crear a los ángeles los dotó de libre albedrío y existencia eterna. Se podría preguntar si el Creador no podría revocar el atributo de la existencia eterna dado a los ángeles. La cuestión es que por respeto a sus propias disposiciones estimó que no lo debía hacer. Los ángeles que se rebelaron contra Dios, tenían un conocimiento tan grande de lo que es Dios, que no hubo para ellos el atenuante de la ignorancia, como lo hubo para el hombre (I Timoteo 1:13). Dios no ofreció a los ángeles rebeldes una oportunidad de salvación. El Señor Jesús nos dice que Dios preparó el infierno o lugar de fuego eterno para el diablo y sus ángeles. Los seres humanos van al infierno por seguir las orientaciones del diablo y sus ángeles o agentes.

Dios creó al hombre a su imagen y semejanza. En esta semejanza iban incluidas la libertad y la existencia eterna, mirando al futuro. Y al haber sido dotados de existencia eterna, vamos a existir eternamente en alguna parte. Dios nos invita a ir a su reino; el diablo nos quiere arrastrar al lugar preparado para él por su rebelión. El maligno no nos puede obligar a ir al infierno y Dios no nos va a obligar a ir al cielo.

Estamos en libertad de orientar nuestros pasos hacia arriba o hacia abajo, hacia la felicidad o el tormento.

6. ¿En qué consistirá el sufrimiento que van a padecer los que sean excluidos para siempre del reino de Dios?

En Mateo 25:41, el Señor dicta sentencia, diciendo: "Apartaos de mí malditos, al fuego eterno". Y en Apocalipsis 20:11 al 14, dice que el día del juicio final, el supremo JUEZ enviará a los condenados "al lago de fuego". Tomemos nota del aspecto siguiente: En ninguno de estos dos pasajes aparece el nombre infierno. Nosotros damos por sentado que los nombres lago de fuego e infierno se refieren al mismo lugar.

En Mateo 8:12, al lugar de confinamiento eterno se le llama: "Las tinieblas de afuera". En Mateo 13:50, se le llama: "horno de fuego". Y en Mateo 25:46 encontramos la expresión: "al castigo eterno". Nos preguntamos si estas referencias al lugar de confinamiento son nombres propios o simplemente referencias al sufrimiento de los que se encuentran allí", parece indicarnos que no son nombres propios sino referencias relacionadas con el lugar de confinamiento.

En relación con el tormento, el Señor nos habla de "llanto y crujir de dientes"; de "gusano que no muere", y "fuego que ni se apaga ni puede ser apagado". Y preguntamos aquí: ¿La expresión "lago de fuego" ¿debemos tomarla en sentido literal o simbólico? Algunos la entienden en sentido literal, y otros en sentido figurado o simbólico. Nosotros confesamos que tropezamos aquí con dos grandes obstáculos para admitir que sea literalmente un lago de fuego.

Por regla general, todos los que estudiamos más o menos a fondo el tema del infierno estamos de acuerdo en que los enviados al lugar de confinamiento eterno irán allí en cuerpo y alma. Un cuerpo resucitado que no podrá morir. En relación con este aspecto, Jesús nos dice, en Juan 5:28 y 29, lo siguiente: Vendrá hora cuando todos los que están en los sepulcros oirán mi voz; (Juan 11:43) y los que hicieron lo bueno saldrán a resurrección de vida; mas los que hicieron lo malo [saldrán] a resurrección de condenación.

¿A qué cifra ascenderá el número de los condenados al destierro eterno? Tengamos en cuenta los dos pasajes siguientes: En Mateo 7:21 dice el supremo JUEZ: No todo el que me dice: Señor, Señor, entrará en el reino de los cielos; en ese reino entrará el que hace la voluntad de mi Padre que está en los cielos. Y en Juan 3:3, dice: "El que no naciere de nuevo, no puede ver el reino de Dios". Estos dos requisitos estrechan la puerta y reducen el número de los que se han provisto de pasaporte para la entrada en el reino de Dios. A pesar de lo expuesto, podemos afirmar que el número de los que van a entrar a formar parte del reino de nuestro Señor Jesucristo será muy grande. Hablando de los convertidos en el corto período de la gran tribulación, se nos dice que será una multitud que nadie podrá numerar. (Apocalipsis 7:9 y 14).

Pero tenemos que decir, con dolor, que el número de los excluidos del reino de Dios será extraordinariamente superior al de los que han aceptado a Jesucristo como salvador, y han experimentado el nuevo nacimiento del alma. Cuando escribimos estas líneas hay en este mundo alrededor de cinco mil quinientos millones de seres humanos. Si el juicio final fuese mañana, ¿cuántos de los cinco mil quinientos millones entrarían a formar parte del reino de Dios? Puede que no pasasen de mil millones. Así que quedarían fuera cuatro mil quinientos millones.

Supongamos que hubiese un juicio final el día que Noé cumplió 600 años de edad. ¿Cuántos de los contemporáneos de Noé entrarían al reino de Dios? Ninguno. Solamente Noé mantenía una relación agradable con el Creador. Desde Abraham al nacimiento de Jesús transcurrieron dos mil años. En aquel largo período de la historia, las naciones gentílicas vivieron en el más rudimentario paganismo.

Con este lamentable panorama histórico por delante nos imaginamos que en el día del juicio final van a quedar excluidos del reino de Dios más de CIEN MIL MILLONES DE SERES HUMANOS. Para confinar a tan inmensa multitud calculamos que Dios necesite un espacio más grande que el planeta Tierra.

La profecía nos adelanta, en Apocalipsis 20:14, que los que a su paso por esta vida han despreciado al Salvador y la salvación, el día del juicio final serán lanzados a un lago de fuego. El término lago sería cuestionable. Se necesitaría un mar muy grande. Si tomamos la expresión "lago de fuego" en sentido literal, tendríamos que aceptar que más de cien mil millones de seres humanos van a ser lanzados a un inmenso mar de fuego, no por un día, ni por un año, ni por un siglo, por toda la eternidad. Y esto, en cuerpo y alma. Los que queden excluidos del reino de los cielos van a existir eternamente en cuerpo y alma. Generalmente, la función o virtud del fuego es consumir. Con temor y reverencia expresamos que nuestra mente y corazón se resisten a aceptar una existencia eterna metidos permanentemente en un lago de fuego, literal.

El segundo gran obstáculo que presenta para nosotros la noción de un lago de fuego literal, es que los condenados no van a sufrir todos el mismo grado de tormento o castigo. En esto están de acuerdo, hasta donde nosotros sabemos, todos los maestros confiables de la Biblia. El sufrimiento de los que vayan a parar al infierno no será uniforme. Cada uno experimentará el grado de sufrimiento que merezcan sus hechos. Ni un ápice más ni menos. Dios es justo y en esto va a tratar con estricta justicia a cada uno de los condenados. Jesucristo nos enseña esto sin que nos quede sombra de duda.

En Lucas 12:47 y 48, dice el Señor: El "siervo que *conociendo* la voluntad de su señor, no se preparó, ni hizo conforme a la voluntad (de ese señor) recibirá muchos azotes. Mas el que sin conocerla (la voluntad) hizo cosas dignas de azotes será azotado poco".

Y en Mateo 11:21-24, el Señor establece un parangón entre los habitantes de seis ciudades: Sodoma, Tiro y Sidón, en el pasado, y Corazín, Betsaida y Capernaum, en los días de Jesús. Dice el supremo JUEZ que el día del juicio el castigo será más tolerable, o menos riguroso, para con los habitantes

117

de Sodoma, Tiro y Sidón, que para los habitantes de Capernaum, Betsaida y Corazín. Lo que agrababa la culpabilidad de los que vivían en la ciudades de Galilea era la presencia, las enseñanzas y las obras de Jesucristo. Y esto establece el siguiente principio: el grado de luz determina el grado de culpa.

A veces nos preguntan acerca del trato que van a recibir, el día del juicio, los que han pasado por este mundo sin tener conocimiento de las Sagradas Escrituras, ni del Dios verdadero, ni de Jesucristo el Salvador. Nuestra respuesta es la siguiente: Dios hace responsables a los seres humanos por lo que saben o conocen, no por lo que ignoran (Romanos 2:11-16). A los que no tuvieron conocimiento de la Biblia, Dios los hará responsables por la luz de su propia conciencia (Proverbios 20:27).

El supremo JUEZ va a tratar con mucha misericordia a los que pasaron por este mundo y esta vida sin tener conocimiento del Evangelio. Si su conciencia les acusa y el Juez les deja fuera del reino de Dios, el lugar de confinamiento será para ellos mucho más llevadero y soportable, de lo que va a ser para los que en el presente vuelven la espalda a Jesucristo y su Evangelio, y se cobijan bajo alguno de los diferentes mantos que les tiende el príncipe de las tinieblas. No tienen excusa delante de Dios.

En el infierno habrá muchos grados de noción de culpabilidad y de sufrimiento. Y esto no armoniza con el supuesto lago de fuego.

A continuación vamos a mencionar una serie de pasajes que nos enseñan que los profetas y los apóstoles mencionaron la palabra "fuego" en sentido figurado o simbólico.

"El fuego de la prueba".	I Pedro 4:12
"La lengua es un fuego".	Santiago 3:6
"Dios es fuego consumidor".	Hebreos 12:29
"Sus ministros llama de fuego".	Hebreos 1:7

"Que avives el fuego del don de Dios".	II Timoteo 1:6
"Los dardos de fuego del maligno".	Efesios 6:16
"Fuego vine a meter en la tierra".	Lucas 12:49
"Fuego consumirá delante de él".	Salmo 50:3
"Horno de aflicción".	Isaías 48:10
"Haré encender fuego en el muro de Damasco".	Jeremías 49:27
"Salió fuego de ... sus ramas".	Ezequiel 19:14
"Un río de fuego".	Daniel 7:10
"Su trono llama de fuego".	Daniel 7:9
"Vendrá un pueblo ... delante de él consumirá fuego".	Joel 2:2-3
"Encenderé fuego en el muro de Rabá".	Amós 1:14
"Para juzgar con fuego".	Amós 7:4
"La casa de Jacob será fuego".	Abdías v.18
"El fuego de mi celo".	Sofonías 3:8
"Meteré en el fuego la tercera parte y los fundiré como se funde la plata".	Zacarías 13:9

Este pasaje —Zac. 13:9— se refiere al pueblo de Israel en los días de la gran tribulación y nos resulta muy esclarecedor. Comparemos a Israel metido en el fuego de la prueba con las expresiones del Señor "horno de fuego", y "lago de fuego". La palabra "fuego" en los 20 pasajes que hemos citado no tiene sentido literal sino figurado o simbólico. A veces la palabra "fuego" se refiere al juicio de Dios.

Dice un profesor de teología que "en el mundo físico no se sabe de otro tormento más terrible que el sufrimiento de estar quemándose". La suma de los diferentes aspectos que van a determinar el tormento que van a padecer en el infierno los que a su paso por este mundo oyeron hablar del amor de Dios para con ellos, del sacrificio redentor de Jesucristo, de la salvación gratuita que el Señor les ofreció; al verse en el confinamiento eterno, va a recordar las oportunidades que han despreciado, las ofensas que han proferido contra Dios y su Hijo Jesucristo; van a recordar sus hechos para con sus semejantes; sus ofensas a Dios y al prójimo; van a recordar las advertencias que estamos exponiendo hoy. ¿Quién puede expresar en palabras el sufrimiento que todo esto les va a ocasionar?

El infierno será un lugar real en él van a ser confinados todos los que queden excluidos para siempre del reino de Dios. Antes del juicio final, los espíritus de los que mueren sin Cristo, van a permanecer en el SEOL (Hades). El día de la resurrección, los cuerpos se levantarán de sus tumbas y los espíritus saldrán del SEOL, y comparecerán, en cuerpo y alma, ante el supremo JUEZ. La sentencia determinará que los juzgados serán enviados al lugar que el Señor llama "lago de fuego". Aquel será el primer día que el lugar llamado infierno vendrá a verse habitado por los moradores para quienes fue preparado.

¿Qué aspectos o elementos contribuirán a que los condenados se sientan en tormento permanente? En la Segunda Epístola a los Tesalonicenses, capítulo 1:6-9, dice lo siguiente:

> *"Porque es justo para con Dios pagar con tribulación a los que os atribulan, y a vosotros que sois atribulados, daros reposo con nosotros, cuando se manifieste el Señor Jesús desde el cielo... en llama de fuego para dar retribución a los que no conocieron a Dios, ni obedecen al evangelio de nuestro Señor Jesucristo; los cuales sufrirán pena de eterna perdición, excluidos de la presencia del Señor y de la gloria de su poder".*

Alguien ha dicho que tenemos en este pasaje la definición más completa del infierno que hallamos en la Biblia. Excluidos de la presencia del Señor y de su gloria, y sufriendo pena de eterna perdición.

1. En el reino de nuestro Señor Jesucristo van a imperar la santidad, la pureza interior y exterior, la alabanza, el orden, el bienestar, la felicidad plena, y la gloria. Para entrar allí se requiere un nuevo nacimiento del alma, un nuevo corazón que genere los sentimientos que agradan

a Dios. El que no concuerde con Dios en amar y practicar la santidad, no podrá entrar en aquel reino (Hebreos 12:14. I Pedro 1:15 y 16). A los que se quieren preparar para esta ciudadanía de santidad y gloria el Señor les ofrece la gracia, la virtud y el poder que nos la imparte el Espíritu del Señor cuando le damos entrada en nuestro corazón (Romanos 8:9). En el reino de nuestro Señor solamente van a entrar pecadores arrepentidos, perdonados, lavados con la sangre del Cordero de Dios, y regenerados por el Espíritu Santo. Si el Señor diera entrada en su reino a un inconverso, éste no se sentiría feliz allí. El cielo es un lugar preparado para los que se preparan para ir a él. Los que a su paso por esta vida descuidan esta preparación, con su actitud, se están excluyendo a sí mismos.

2. Los llamados a constituir la población de ese lugar de confinamiento eterno, llamado infierno, van a ver, por una vez, al Señor de la gloria. Lo van a ver irradiando su gloria como lo vio Saulo de Tarso en el camino de Damasco. La Sagrada Escritura adelanta este aspecto, diciendo: "Vivo yo, dice el Señor, que ante mí se doblará toda rodilla, y toda lengua confesará a Dios" (Romanos 14:11).

La comparecencia de los llamados a juicio ante el Señor de la gloria va a resultar tan sorprendente como resultó para Saulo la inesperada presencia del Señor en el camino de Damasco. Ha pasado por este mundo ofendiendo a Dios, despreciando a Jesucristo el Salvador, burlándose de las enseñanzas del Evangelio y riéndose de los que tomábamos en serio lo que dice la Biblia en relación con el cielo y el infierno. Pero la presencia del Señor en su trono de gloria tendrá la virtud de despertar para siempre la conciencia de culpabilidad de todos los llamados a juicio. (Isaías 6:5). Y la conciencia de culpabilidad generará remordimiento y auto-rrecriminación. Aquel día se cumplirá lo que dice el Señor en Malaquías 3:18. "Entonces veréis la diferencia entre el justo y el malo, entre el que sirve a Dios y el que no le sirve". Aquel día habrá una separación eterna entre el trigo y la cizaña;

entre los que han servido al Señor y los que se han dejado engañar por el maligno (Mateo 13:36-43).

El día del juicio, cuando los excluidos del cielo, sean enviados a lo que el Señor llamó "las tinieblas de afuera", el lugar de "lloro y crujir de dientes", volverán la espalda para siempre al Señor de la gloria, al cielo, al mundo en que nacieron y a los parientes y amigos que hayan aceptado al Salvador y la salvación; y al partir, dirán al Señor de la gloria: Reconocemos que nos has tratado con justicia; que nosotros mismos somos los culpables de nuestro destino eterno. La salvación tocó un día a nuestras puertas, pero no le abrimos. Y ahora que suspiramos por ella es demasiado tarde.

3. El lugar de confinamiento eterno es la antítesis del cielo. El cielo se nos presenta como un lugar donde impera la luz (Apocalipsis 22:5. El infierno se presenta como las tinieblas de afuera. Cristo es la luz del mundo. Satán es el príncipe de las tinieblas. El cielo es la morada de los justos, de los que aman a Dios, de los que se sienten felices en un ambiente de santidad y pureza. En el infierno estarán los que ahora se prestan a servir de espectáculo pornográfico, los que promueven y practican el odio y la violencia, los que han pasado por este mundo viviendo y dependiendo de la astrología, los que nunca han sentido en sus corazones la paz de Dios, los criminales, los que ahora dicen: "Yo hago con mi cuerpo lo que me da la gana". A veces oímos decir que lo peor de las prisiones es el ambiente que impera en ellas. Imagínense cómo será el infierno, donde faltará totalmente toda influencia de las virtudes de Dios y la maldad no tendrá diques. ¿Cómo sería el mundo en que vivimos, si Dios decidiese retirarse de él, y retirar del mundo a todos los que, en alguna forma, promueven la moral, la justicia, el respeto a la autoridad Suprema, y se dedican a impartir consuelo, fe y esperanza a los que sufren? Sí, ¿cómo sería este mundo sin Dios, sin protección y sin esperanza? Pues sería un infierno.

El cielo constituye la meta de nuestras esperanzas e ilusiones. Allí posiblemente no tendremos esperanza porque habremos alcanzado plenamente todos nuestros anhelos y no afrontaremos el peligro de perderlos. Allí reinará la felicidad. El infierno es la culminación de todos los males que se padecen en este mundo; con el agravante de que allí no hay esperanza. El dolor, la angustia, la agonía y el tormento, serán los aspectos sobresalientes del infierno.

4. Jesucristo advierte a los que van por la senda ancha que conduce al infierno, que les espera un estado de tormento eterno. El Señor dice que en el infierno el gusano no muere y el fuego nunca se apaga. Nosotros entendemos que el gusano que no muere simboliza la conciencia; y el fuego que no se apagará jamás, es símbolo del tormento que ocasionará la acusación de la conciencia. Pensamos que en el infierno, la conciencia servirá de una especie de termómetro que determinará en grado de culpa y de castigo.

En este mundo hay mucha gente que quisiera desaparecer a Dios del mapa. Y quisieran hacer los mismo con la Biblia. Saben que la Biblia condena lo que ellos hacen, y esto les molesta. Las mujeres que promueven la igualdad de los sexos han llevado su enojo contra Dios a tal extremo que han redactado una biblia especial para ellas en la que convierten a Dios en un ser híbrido: hombre y mujer, femenino y masculino. Esos y esas y quieren vivir en un mundo sin Dios, al fin se van a ver en el mundo que quieren; ese mundo va a ser el infierno. Y cuando se vean allí van a tener conciencia de las ofensas tan grandes que han proferido contra Dios.

Una de las matanzas más despiadadas de la historia fue la que tuvo lugar en Francia el 24 de agosto de 1572. Algunos personajes influyentes de la corte pidieron al rey Carlos IX que autorizase la matanza de todos los cristianos hugonotes que había en el reino. Al principio el rey se opuso, pero a la postre cedió a la presión que ejercieron sobre él, y dijo: "Consiento que los maten, pero con una condición: No quiero que quede vivo un solo hugonote que me lo pueda echar en cara".

Después de la espantosa orgía de sangre de la llamada noche de San Bartolomé, el rey empezó a experimentar el tormento de la acusación de su conciencia. Si lograba quedarse dormido, soñando creía escuchar los aullidos de los verdugos y los lamentos de las víctimas. Y dice un historiador que "atormentado por la conciencia que parecía roerle las entrañas del alma, y desesperado por aquellas terribles visiones que se le clavaban en la mente como diabólicos perros de presa, el rey Carlos IX murió a los dos años de la matanza de los hugonotes cuando sólo contaba veinticuatro años de edad".

Carlos IX no quería sobrevivientes que le pudiesen echar en cara su crimen. Pero hubo un testigo que resultó implacable e insobornable: su propia conciencia. Bien dice el poeta Núñez de Arce:

¡Conciencia nunca dormida,
    Mudo y pertinaz testigo,
Que no dejas sin castigo
    Ningún crimen en la vida!
La ley calla, el mundo olvida;
    Mas ¿quién sacude tu yugo?
Al Sumo Hacedor le plugo
    Que a solas con el pecado,
Fueses tú para el culpado
    Delator, juez y verdugo.

La conciencia mató al rey Carlos IX de Francia. Judas Iscariote, después de su infame traición, experimentó tal remordimiento de conciencia que optó por quitarse la vida; pero al quitarse la vida física no pudo liberarse de su conciencia. El espíritu de Judas fue llevado al SEOL; y con el espíritu y formando parte inseparable de él, fueron su noción de ser, su memoria y su conciencia. Judas lleva 1966 años en el SEOL sufriendo el remordimiento que en vida le empujó al suicidio. Estará en el SEOL hasta el día del juicio final. Y cuando llegue este día tendrá que comparecer, en cuerpo y alma, ante Aquel a quien vendió un día por treinta piezas de plata; y a partir del día del juicio, Judas irá al infierno en cuerpo y alma y su conciencia no cesará jamás en el ejercicio de su función acusadora. En el infierno nadie se podrá quitar la vida. Dios nos ha creado para la vida eterna y el que no quiera tomar en serio el Evangelio de nuestro Señor Jesucristo, tendrá que afrontar una existencia eterna en un lugar terriblemente desagradable.

5. El tormento eterno que padecerán en el infierno los que ahora viven de espaldas al cielo, estará determinado por los tres aspectos siguientes: Primero: El medio ambiente de que se verán rodeados, cada día, cada año, cada siglo, cada milenio, eternamente, los que ahora están sacando pasaporte para tan espantoso lugar.

En este mundo, los que se ven afligidos o atormentados suelen encontrar a alguien que les brinde consuelo. Pero ¿habrá consoladores en el infierno? Lo dudamos porque allí cada uno tendrá su cuota de sufrimiento; y además, ¿qué consuelo puede haber donde se sabe que el sufrimiento no tendrá fin?

El segundo aspecto estará determinado por el lugar en sí y las causas que habrán llevado allí a cada uno de los condenados. Creemos que las causas principales serán más bien internas que externas: Imaginémonos el infierno como un lugar de confinamiento eterno, un lugar que tiene que tener mucho espacio. Posiblemente más grande que este mundo. Hemos dicho que la población del infierno pasará de los cien mil millones de habitantes. Los habrá de todos los credos, de todas las filosofías, de todas la religiones y de todos los niveles profesionales.

Tengamos presente que el pasaporte que dará entrada al reino de Dios será el nuevo nacimiento. Un nacimiento generado por el Espíritu de Dios en el espíritu humano (Juan 3:3-6). Esto limita mucho la cuota de entrada al reino de la vida eterna feliz. En relación con la expresión que usó el Señor: "lago de fuego", hemos consultado tres Diccionarios de la Biblia, y cuatro libros de Teología y estas autoridades bíblicas piensan que no va a ser fuego literal.

El tormento estará determinado por la conciencia y el sentido personal de culpabilidad. Los condenados, se darán cuenta de que han perdido para siempre todo lo que envuelve el término CIELO. La vida feliz, la paz interior y exterior, la gloria, el ambiente, el bienestar perfecto. Y se darán cuenta de que fueron invitados al reino de Dios y despreciaron la invitación y no hay otra oportunidad. El infierno será lo opuesto a lo que es el cielo.

El tercer elemento que producirá el tormento, será la noción verdadera de que allí no habrá ESPERANZA. En el presente mundo se citan los refranes: "No hay mal que por bien no venga". Y "no hay mal que dure cien años ni cuerpo que lo resista". Pero allí no tendrán vigencia estos refranes. Ningún ser humano, ní los ángeles del cielo, puede exponer con palabras la intensidad del tormento que van a experimentar los que se vean desterrados para siempre del cielo; sufriendo la agonía que les producirá el sentimiento de que ellos mismos son los culpables de tal situación, y además tener que soportar el azote de sus propias conciencias. Por eso Jesús empleó los términos, tinieblas de afuera, lugar de llanto y crujir de dientes, infierno de fuego, horno de fuego, y lago de fuego. No hay términos que se acerquen más a la realidad que los que el Señor usó. Y a pesar de tales términos, las multitudes cierran sus ojos, tapan sus oídos, y siguen adelante, al infierno. Permítanme confesarles que he experimentado un sentimiento de hondo dolor en mi alma exponiendo lo que acabo de escribir. Quisiera gritar con toda la fuerza de mis pulmones: ¡Hombres y mujeres que avanzáis por una senda engañosa que os conduce al infierno! ¡Despertad!

Nadie piense en culpar a Dios de tal situación. Dios no creó al ser humano para una existencia en el infierno; lo creó para una vida eterna feliz. El infierno responde a la conducta del ser humano, no a la de Dios. El ser humano, con su conducta y su ofensa y desprecio a Dios, se crea su propio infierno dentro de sí mismo.

Dios advierte a todo ser humano que corre el peligro de ir a parar a las tinieblas de afuera, al lugar de llanto y crujir de dientes. Pero, ¿quién le hace caso? Veamos Mateo 23:37. Para librar a los que con su conducta y sus palabras ofenden al Creador, Dios envió a su Hijo al sacrificio de la cruz. ¿Y quién toma esto en serio?

El Salvador ofrece a todo ser humano el perdón, la paz y la esperanza de gloria. Pero, ¿quién se interesa por estas promesas? El diablo, cual hábil pescador, tiene sus carnadas, y la población del mundo cae a miles en los anzuelos del Tentador. Supongamos que el diablo te ofrece riquezas y placeres y que te los da. ¿Has pensado por cuánto tiempo los vas a disfrutar? Piensa que esas riquezas y placeres te conducen a un lugar de llanto y crujir de dientes; un lugar de tormento eterno. Dios te ha dotado del don de la razón y de eso que llamamos sentido común. ¿Qué uso estás haciendo de estos dones? Si no haces buen uso de ellos, en el infierno se van a volver contra ti.

El Evangelio nos dice: Dios pagará a cada uno conforme a sus obras, su conducta. A los que perseveran en hacer lo que El manda,les espera la vida eterna, la gloria e inmortalidad; y a los que son contenciosos y no obedecen a la verdad, sino a la injusticia, les espera enojo e ira, tribulación y angustia. Porque, finalmente, Dios es bueno, pero tiene sentimientos, es justo, y de El nadie se puede burlar y escapar impune.

Al que nos haya hecho el honor de leer lo que dejamos expuesto esperamos que se encuentre con nosotros en el reino de nuestro Señor Jesucristo. Le esperamos, no nos defraude.